나눔으로 피어난 꽃

인연의 향기

최세규 지음

(사)한국재능
기부협회 회장

도서
출판 행복에너지

인연의 향기

초판 1쇄 발행 2025년 10월 10일

지은이	최세규
발행인	권선복
편 집	한영미
디자인	서보미
전자책	서보미
발행처	도서출판 행복에너지
출판등록	제315-2011-000035호
주 소	(07679) 서울특별시 강서구 화곡로 232
전 화	010-3993-6277
팩 스	0303-0799-1560
홈페이지	www.happybook.or.kr
이메일	ksbdata@daum.net

값 22,000원
ISBN 979-11-994420-4-7 (03810)

Copyright ⓒ 최세규, 2025

이 책은 저작권법에 따라 보호받는 저작물이므로 무단전재와 무단복제를 금지하며,
이 책의 내용을 전부 또는 일부를 이용하시려면 반드시 저작권자와 〈도서출판 행복에너지〉의
서면 동의를 받아야 합니다.

(사)한국재능
기부협회 회장

나눔으로 피어난 꽃

인연의 향기

최세규 지음

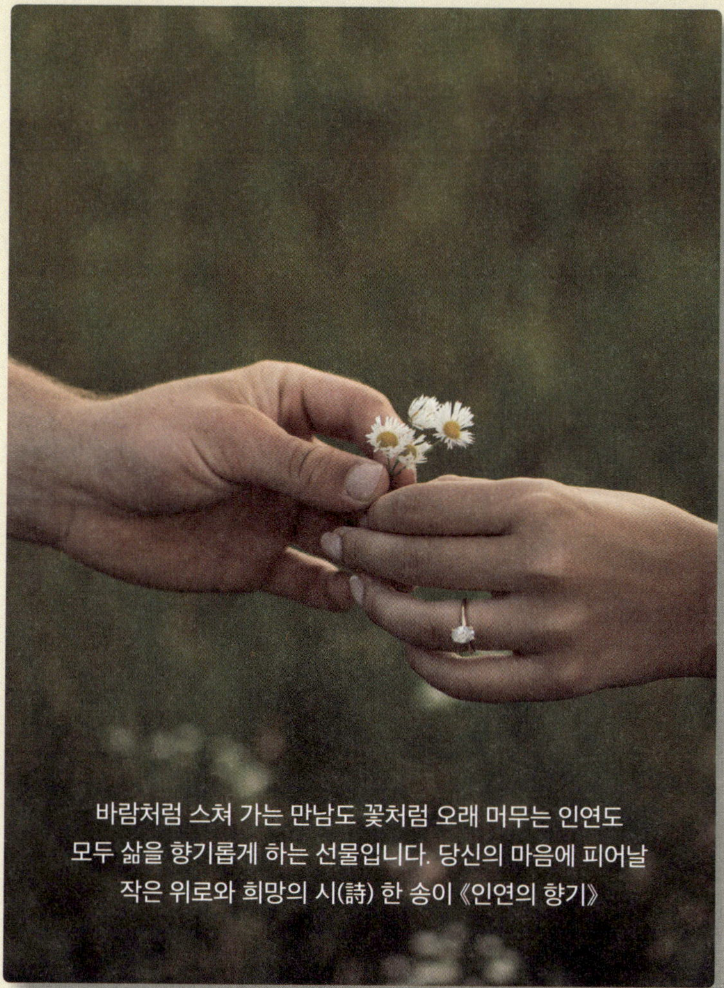

바람처럼 스쳐 가는 만남도 꽃처럼 오래 머무는 인연도
모두 삶을 향기롭게 하는 선물입니다. 당신의 마음에 피어날
작은 위로와 희망의 시(詩) 한 송이 《인연의 향기》

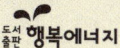

프롤로그

시는 제 인생의 가장 소중한 친구였습니다.
바람 한 줄기에도, 들꽃 하나에도,
저는 늘 시의 언어를 빌려 제 마음을 고백했습니다.

이 시집은 단순한 글 모음이 아니라,
삶의 발자국이자 나눔의 기록입니다.
저는 늘 믿어왔습니다.
재능은 혼자만의 것이 아니라, 이웃과 함께 나누라고 주어진
선물이라는 것을.

그래서 저는 '재능기부'라는 이름으로
제가 가진 작은 것들을 세상과 나누고자 했습니다.
그 나눔의 길에서 만난 수많은 인연이
저의 삶을 풍요롭게 했고, 오늘의 이 시집을 탄생시켰습니다.

이 시집은 여섯 빛깔의 여정으로 나누어졌습니다.
삶은 꽃처럼 피어나 마음속 기도에 스며들고,
그리움은 강물처럼 흘러 지나간 시간 속 기억을 적셨습니다.
진심은 꽃이 되어 내 안을 물들이고 그 꽃은 인생을 노래하

게 했으며,
인연은 향기처럼 곁을 맴돌아 바람에 실려 마음을 밝혔습니다.
세월은 강물처럼 흘러도 그 속 깨달음은 고요한 울림이 되어 내 마음의 풍경으로 남았고,
그 풍경 속에서 사랑은 불꽃이 되어 다시 시작하는 마음속에서 따스하게 피어났습니다.

독자 여러분, 이 책 속 시들이
당신의 가슴에 작은 불씨가 되기를 소망합니다.
그 불씨가 위로가 되고, 용기가 되며,
또 다른 재능기부로 이어져 세상을 더 따뜻하게 만들기를 바랍니다.

2025년 9월,
최세규

목차

프롤로그 · 4

Part 1
삶의 기도, 꽃이 피다 · 11

바다 향기 | 기적의 순간 | 삶의 기도 | 그대 향기 | 매화 | 다시 산다면 | 행복은 | 파도와 꽃 | 향수 | 세월 | 고운 하루 | 풀잎 찬가 | 기다림 | 늦은 오후 | 웃어라 | 책은 하늘 | 오늘 할 일 | 사랑의 꽃 | 잔잔한 마음 | 능소화 | 다짐 | 선한 마음 | 고운 말 | 친구 | 사랑 | 봄이 온다 | 자연의 스승 | 사랑하라 | 나의 봄 | 푸른 기다림 | 햇살의 기도 | 사랑의 빛 | 희망의 빛 | 작은 기적 | 겸손한 하루 | 하늘 한 조각 | 살아 있음 | 옹달샘 | 행복한 하루 | 순수의 빛 | 고향의 그리움 | 매미는 운다 | 꽃은 혼자 피지 않는다 | 꽃 피는 마음 | 삶의 꽃 | 자아 발견 | 기도처럼 | 작은 소원 | 사랑과 고독 | 긍정의 빛

Part 2
그리움, 시간을 걷다 · 39

삶의 빛 | 달빛 속 향기 | 맑은 영혼 | 잔잔한 위로 | 그대 | 내 안의 길 | 설렘의 시작 | 지혜 | 처음처럼 | 달빛 아래 | 고운 세상 | 따뜻한 하루 | 작은 기쁨 | 기쁨 반 슬픔 반 | 그늘이 되어 | 마음 그릇 | 작은 위로 | 우리 인연 | 그리움 | 그리움의 밤 | 그리움은 익어 | 사랑의 길 | 비움의 지혜 | 여름의 축복 | 세월의 노래 | 내 안의 하루 | 행복나기 | 행복한 윙크 | 행복 그리기 | 지금이 좋다 | 그대 연가 | 커피 향 | 아침의 숨결 | 작은 언약 | 삶의 향기 | 추억 사랑 | 삶의 무게 | 삶의 길 | 느린 하루 | 자연의 벗 | 마음의 향기 | 삶이란 | 추억의 강물 | 시간의 선물 | 그릇의 기도 | 노을 속 편지 | 기도의 물결 | 물드는 마음 | 그리움 접어 | 좋은 꿈 하나

Part 3
진심의 꽃, 인생을 노래하다 · 67

꽃은 향기로 | 고요한 마음 | 작은 미소 | 멈추지 마라 | 바다처럼 | 너그러운 바다 | 달빛 아래 추억 | 긍정의 힘 | 꽃도 외로워 | 인생 찬가 | 님의 향기 | 고향의 들꽃 | 꽃은 울지 않는다 | 청포도 | 행복한 오늘 | 친구야, 여행 가자 | 마음은 소풍 | 고운 눈빛 | 열정 | 그대의 미소 | 자연의 연가 | 자연은 치유한다 | 자연의 언어 | 동백꽃 | 겸손이 전하는 말 | 짧은 인생 | 희망으로 산다 | 연서 | 햇살과 비 | 詩는 꽃이네 | 하늘의 눈물 | 첫사랑 | 사랑은 근본 | 사랑의 속삭임 | 말의 꽃 | 시간여행 | 비 갠 뒤에 | 바위의 말 | 행복은 마음에 | 봉숭아 추억 | 진심 | 달빛처럼 | 자신을 찾아 | 무소의 삶 | 이정표 | 내면의 꽃 | 이슬 같은 배움 | 사람꽃 | 사랑을 색칠하다 | 안부

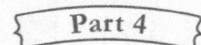

Part 4
인연의 향기, 바람에 싣고 · 95

인연의 향기 | 그대 지나간 자리 | 풀꽃 | 인생은 바람 | 고향 뜨락 | 그대 손길 | 운명 | 고운 사람 | 속삭이는 사랑 | 맑은 마음 | 휴대폰 | 행운 | 좋은 그대 | 가슴으로 | 달팽이의 꿈 | 꽃이 사랑할 때 | 향기로운 길 | 강변에서 | 사랑비 내리면 | 흐르는 삶 | 자연인으로 | 고운 꽃 | 감사의 마음 | 꽃이 된 인연 | 눈물의 나무 | 무능은 | 인생은 꽃 | 마음에 피는 꽃 | 초여름의 기도 | 눈물의 담장 | 기도하는 마음 | 기쁨의 옷 | 지나간 시간 | 마음의 꽃 | 달빛 연가 | 시간의 숨결 | 커피 향기 | 천 개의 빗방울 | 인생은 소풍 | 연꽃 | 웃음은 | 생각이 나면 | 인생은 꽃잎 | 바람의 노래 | 사랑은 그리움 | 인연은 선물 | 빛을 심은 하루 | 청산에 살리라 | 영원의 노래 | 그리움의 강

Part 5
고요한 울림, 내 마음의 풍경 · 123

자연의 품에 | 빈손이 참 맑다 | 우리가 그렇다 | 삶의 숙제 | 인생극장 | 덧없는 삶 | 햇살 인생 | 현충일 | 모두가 천재다 | 희망비 | 삶의 선물 | 꽃 피는 이유 | 신록의 노래 | 하늘빛 마음 | 유월의 향기 | 말의 빛 | 고요한 울림 | 웃음의 샘 | 마음의 호수 | 술잔에 피는 꽃 | 노을 속 삶 | 달빛 아래 한 잔 | 마음의 정원 | 나를 깨우는 삶 | 꽃잎처럼, 너에게 | 배움의 힘 | 내 마음 풍경 | 삶의 여윤(餘潤) | 평범한 하루 | 지금 사랑하라 | 오월의 노래 | 마음 비우는 날 | 세월은 너에게로 | 인생은 미완성 | 마음 은행 | 햇살의 기도 | 사랑가 | 친구 향기 | 초록의 계절 | 나를 사랑하라 | 사랑이라 | 수채화 | 향기 | 빈손 | 사랑은 바람처럼 | 별을 헤어보며 | 수선화 | 봄밤의 눈물 | 달빛에 실린 사랑 | 그대의 눈빛은

Part 6
사랑의 길, 다시 시작하는 마음 · 151

님 오는 길 | 그대 보고파 | 그대 미소 | 피어난 마음 | 행복의 길이 | 깨어 있는 눈 | 그냥 좋은 사람 | 약속 | 바람길 | 봄날의 신부 | 꽃이 되는 마음 | 사랑의 시작 | 마음의 저울 | 꽃의 꿈 | 기적을 만드는 사람 | 좋은 감정 | 너의 미소 | 우리 | 마음속 꿈 | 봄날의 고백 | 삶은 선물 | 사랑의 힘 | 마음꽃 | 그대에게 가는 길 | 이 순간 | 선물 | 사랑이 | 3 무(無) | 눈동자 | 자연처럼 | 한잔 | 삶의 본질 | 겸손 | 봄빛 한 스푼 | 그대는 봄 | 온도 차이 | 멈추지 않는 꿈 | 그대꽃 | 해답 | 봄의 향연 | 봄의 연가 | 꽃처럼 | 휴식 | 바람 | 종소리 | 하나 | 작은 꿈 | 마음에 | 나무 | 주는 마음

에필로그 · 178
출간후기 · 180
추천사 · 182

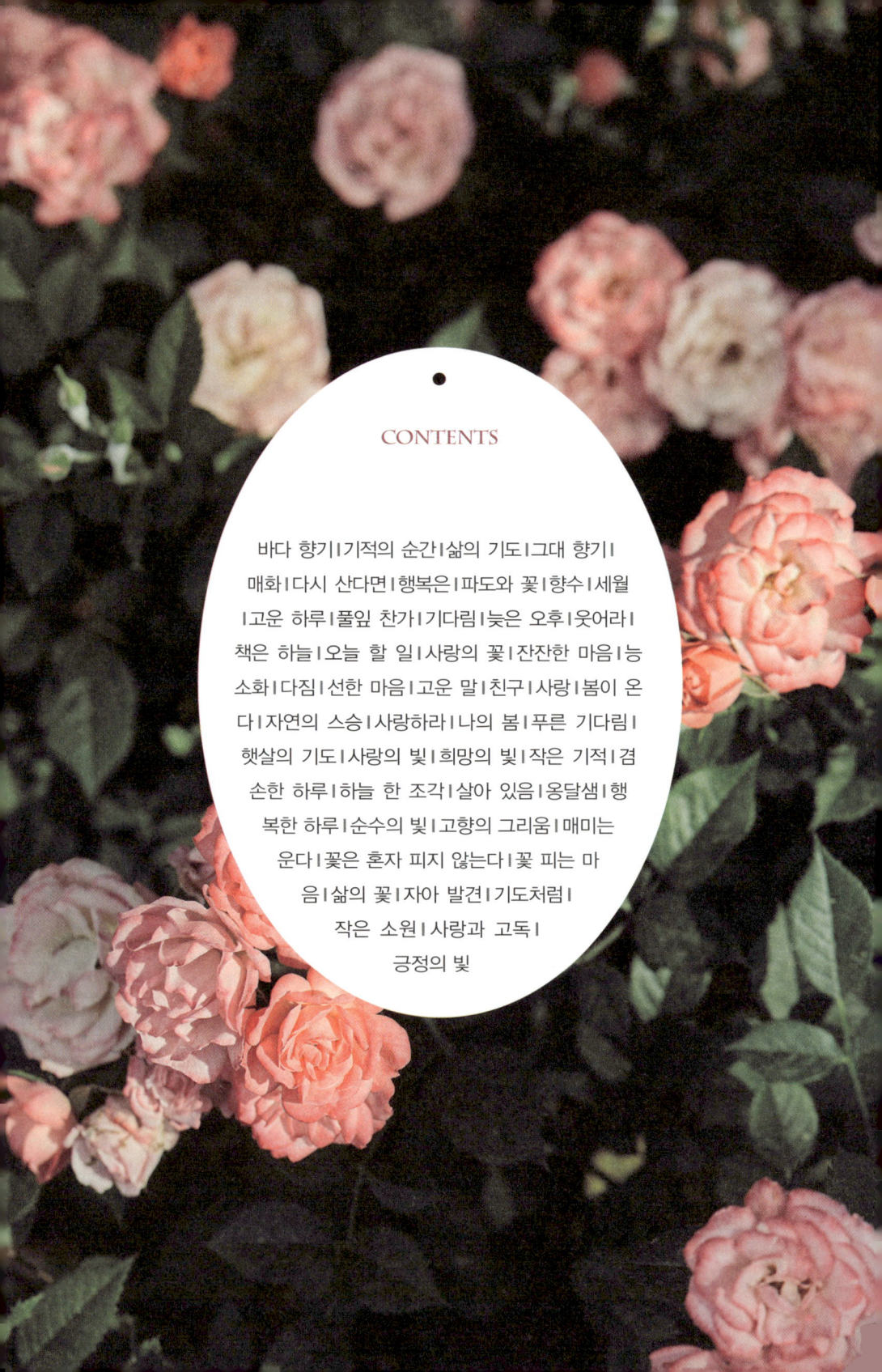

CONTENTS

바다 향기ㅣ기적의 순간ㅣ삶의 기도ㅣ그대 향기ㅣ매화ㅣ다시 산다면ㅣ행복은ㅣ파도와 꽃ㅣ향수ㅣ세월ㅣ고운 하루ㅣ풀잎 찬가ㅣ기다림ㅣ늦은 오후ㅣ웃어라ㅣ책은 하늘ㅣ오늘 할 일ㅣ사랑의 꽃ㅣ잔잔한 마음ㅣ능소화ㅣ다짐ㅣ선한 마음ㅣ고운 말ㅣ친구ㅣ사랑ㅣ봄이 온다ㅣ자연의 스승ㅣ사랑하라ㅣ나의 봄ㅣ푸른 기다림ㅣ햇살의 기도ㅣ사랑의 빛ㅣ희망의 빛ㅣ작은 기적ㅣ겸손한 하루ㅣ하늘 한 조각ㅣ살아 있음ㅣ옹달샘ㅣ행복한 하루ㅣ순수의 빛ㅣ고향의 그리움ㅣ매미는 운다ㅣ꽃은 혼자 피지 않는다ㅣ꽃 피는 마음ㅣ삶의 꽃ㅣ자아 발견ㅣ기도처럼ㅣ작은 소원ㅣ사랑과 고독ㅣ긍정의 빛

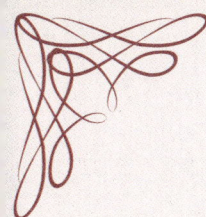
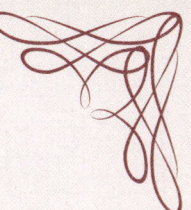

Part 1
삶의 기도,
꽃이 피다

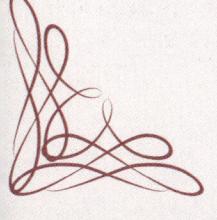

바다 향기

물결 따라
작은 나의 그리움이
파도에 실리네

조개껍질 속
바람 소리 스며들고
기억 머무네

그대 향기
바닷속에 맴돌며
마음 적시네

기적의 순간

오늘 우리가
함께 만난 순간은
진정 기적이네

천 배 기쁨으로
행복을 빚으라는
하늘의 선물

조용히 마음
감사로 채우며
오늘 웃으리라

삶의 기도

세상에 와서
잠시 머물다 가는
바람 같은 삶

아침에는 기도
저녁에는 감사하며
마음 채우네

작은 행복
꿈속에 심어두고
오늘 웃으리라

그대 향기

그대는 향기
부드러운 바람 따라
내 마음 감싸네

조용히 스며
빛나는 꿈 하나를
가슴에 심네

사랑 머금어
하루 끝까지 남아
빛으로 웃네

매화

매화꽃 당신
찬 바람 속에 피어
조용히 웃네

마음에 향기
살며시 스며들어
봄빛 머금네

사랑 전하며
하얀 꽃잎 사이로
희망 피어나네

다시 산다면

더 자주 웃고
많이 안아주며
덜 후회하리라

작은 것에
감사 마음 담고
사랑 전하리

침묵조차
아껴 쓰며 살아
오늘을 사랑하리

행복은

작은 꽃잎
행복의 씨앗 되어
마음 피어나네

바다 너머 말고
지금 여기 내 안에
빛으로 웃네

조용히 걸으며
작은 기쁨 모아가니
세상 밝아지네

파도와 꽃

파도치는 삶
눈물로 씻기우며
햇살 맞이하네

넘어짐 끝에
작은 꽃이 피어나
희망을 닮네

바다처럼 깊은
마음 안에 스며든
빛을 품네

향수

고향 바람
그리움 실려와
가슴 적시네

옛 추억 속
향기처럼 번지고
마음 피어나네

조용히 숨 쉬는
기억의 조각마다
사랑이 남네

세월

바람 속에서
꽃잎 하나 흩날려
나를 부르네

오늘 끝나면
새 길 따라 걸어가며
마음 밝히네

세월이 와도
웃음과 함께라면
영원하리라

고운 하루

조용한 하루
고운 말로 시작해
바람이 웃네

작은 기쁨이
마음을 살며시 두드리니
빛이 퍼지네

끝없는 길도
미소 따라 걸으면
하늘 닿네

풀잎 찬가

풀잎 하나
작은 세상 담고
자연을 닮네

그 속의 이치
배움이 시작되니
마음 열리네

조용히 걸어
세상과 어울릴 때
향기 퍼지네

기다림

노을 창가에
그대 이름 부르며
바람이 운다

허전한 마음
조용히 기도 담아
사랑을 보내네

시간이 흐르고
기다림 속 빛 되어
내 마음 피네

늦은 오후

햇살이 내려
내 어깨에 손 얹고
속삭여 주네

구름이 와서
고단한 내 마음을
가만히 안네

바람이 웃어
오늘의 끝자락에
미소가 피네

웃어라

웃음이 좋아
그대의 입술 끝에
꽃이 피었네

바람이 불어
내 마음에 머물러
햇살이 되네

오늘을 살자
웃음 한 줌 품으면
길도 꽃이네

책은 하늘

책장 넘기면
푸른 하늘이 열려
바람이 웃네

글자 속에서
새들이 날아가고
빛이 춤춘다

한 줄 한 세상
끝없는 길을 따라
내 꿈이 난다

오늘 할 일

오늘 할 일은
웃음으로 마음 채우고
햇살 따라 걷네

사랑 담아
조용히 나누면 마음
꽃이 피어나

행복을 주며
작은 선물처럼 남기는
오늘의 길이네

사랑의 꽃

세상에 피면
누군가의 눈물 속에도
꽃이 웃는다

조용히 마음 안고
사랑의 꽃 피어나
눈부시게 빛나네

서로를 바라보며
작은 손길 하나에도
세상 밝아진다

잔잔한 마음

바다를 보면
마음 깊은 곳까지
빛이 흐른다

꽃을 바라보며
조용히 감사 기도해
마음이 맑아

음악 들으면
영혼 속 평화 깃들고
세상도 잔잔해

능소화

능소화 오르네
담장 너머 하늘로
조용히 피네

겸손한 꽃
뿌리 깊은 인의 길
흘러간다네

말없이 피며
진심을 전하는 꽃
세상을 밝힌다

다짐

바람은 조용히
다투지 않고 흐르며
세상을 안다

꽃은 스스로
자랑하지 않고 피어
향기만 남긴다

강물처럼 살며
자연의 가르침 따라
겸손히 간다

선한 마음

맑은 마음은
햇살처럼 부드럽게
흘러간다네

베풀며 살면
조용히 손 내밀어
기쁨이 된다

바람 스치면
나무와 풀과 함께
웃음이 난다네

고운 말

말에도 눈
마음 담겨 흐르니
조심해야지

고운 말만
입술 위에 머물며
꽃이 된다네

가장 예쁜
생각을 선물처럼
주고 싶다네

친구

좋은 친구와
함께 걷는 길에는
기쁨이 번진다

슬픔은 나눠
반으로 줄어드는 법
마음이 가벼워

친구란 그런
추억과 희망 안고
사랑을 남긴다

사랑

사랑은 거리가
아닌 마음의 길이
조용히 흐른다

자신을 위한
최고의 선물 안에
빛이 담기네

그냥 마음이
시킨 대로 움직이면
사랑이 된다

봄이 온다

봄날이 온다
그대 발걸음 따라
꽃이 핀다네

햇살 속에 손
조용히 꽃을 만지며
웃음이 난다

우리 마음도
작은 꽃처럼 피어나
봄이 된다네

자연의 스승

산과 강물이
조용히 빛을 뿌리네
예술이 온다

인간은 잠시
그 위대한 앞에 서서
숨 고른다네

바람 스치며
자연의 가르침 안고
삶을 배운다

사랑하라

햇살이 온다
그대 마음 건너서
내게로 온다

꽃잎 같은 손
조용히 잡아 주면
감동이 온다

사랑은 그렇게
아무 말이 없어도
향기가 난다

나의 봄

진달래 향기
기억 속에 머물러
봄이 온다네

시간이 가도
내 마음엔 그대가
꽃처럼 웃네

바람이 불면
그대 이름 피어나
봄빛에 젖네

푸른 기다림

푸른 하늘에
작은 기도 띄우고
사랑을 심네

눈물 속에서도
빛나는 하늘 보고
감사 노래해

내 마음에도
하얀 꽃이 피어나
희망이 된다

햇살의 기도

아침 햇살에
작은 손 모아드는
고요한 기도

사랑의 노래
가슴에 피어나는
희망의 꽃잎

오늘 하루를
감사로 채워가는
마음의 빛깔

사랑의 빛

햇살이 웃고
꽃잎에 내려앉은
작은 기도들

서로의 손길
따뜻함으로 피는
하늘의 선물

오늘 하루를
감사로 물들이며
사랑을 심네

희망의 빛

아침 햇살에
작은 기도 올리고
하늘을 본다

미소를 심고
마음에 꽃을 피워
그대를 부른다

고요한 순간
감사로 채워지는
오늘의 빛깔

작은 기적

아침 햇살에
작은 꽃이 피어나
세상에 웃네

서로의 손길
따스하니 이어지면
하늘도 빛나

사랑 한 줄기
돌에 새긴 마음이
기적이 된다

겸손한 하루

오늘의 아침
바람이 먼저 인사
햇살이 웃네

작은 발자국
길 위에 내려앉은
마음의 기도

꽃잎 하나가
조용히 말해 주네
"천천히 가라"

하늘 한 조각

창문 열면
푸른 하늘 펼쳐지고
눈물 흐르네

가난한 마음
햇살 한 조각 스며
꽃처럼 웃네

작은 희망
마음속 깊이 피어나
하늘 닮는다

살아 있음

오늘 하루를
살아 있음에 감사해
햇살 미소 지네

바람에 웃음
작은 행복 안고서
마음 가득 채우네

다시 한 걸음
걸음을 내디디며
삶을 느낀다

옹달샘

옹달샘 속에
내 얼굴 잠기고
구름 흘러가

끝없이 맑은
물결 따라 흔들리며
영혼이 춤추네

그곳에서 자유
바람처럼 스며들고
마음이 쉬네

행복한 하루

햇살에 미소
조용히 마음 피어나
행복이 흐른다

사랑 담은 말
바람결에 실려와
마음 적시네

오늘 하루도
작은 기쁨 안고
빛나며 간다

순수의 빛

동심의 마음
햇살 속에 피어나
조용히 웃네

작은 사랑 심어
바람에 흔들리며
희망 꽃 피워라

오늘도 빛나
마음 가득 퍼지네
순수의 빛으로

고향의 그리움

길가에 서서
바람이 스치는 산천
눈물이 흘러

돌아갈 수 없는
그곳의 기억 속에
추억만 남네

바람에 스민
어머니의 목소리
마음에 머문다

매미는 운다

매미는 운다
무엇이 그리 서러워
이토록 울까
살아 있다는 것
그 자체가 슬픔이요
또한 기쁨이다

꽃은 혼자 피지 않는다

꽃은 혼자 피지 않는다
비바람, 찬 이슬
어깨동무하고
고운 햇살과 달빛
기도할 때
꽃은 피어난다

꽃 피는 마음

햇살이 웃으며
마음을 적셔주고
꽃잎이 춤추네
바람이 걸어가
가슴 속 꽃을 깨우며
희망을 전하네

삶의 꽃

삶이란 스스로
꽃을 피우는 일이니
지혜를 가까이하라
겸손을 품고
손발은 부지런히
선(善)을 행하라 하네

자아 발견

삶의 여정은
고독 속에 피어난
자아의 불꽃
흔들리며 나아가
사랑으로 깨어나
끝내 나를 만나네

기도처럼

좋아한 마음
내 가슴에 머물면
기적이 피네
말하지 않아도
그 사랑이 꽃 피어
하늘도 알겠지

작은 소원

내 소원은
그대와 둘이서
푸른 초원에
조그만 집을 짓고서
밤엔 별빛 바라보고
낮엔 밭을 매면서
꿈을 가꾸는 것

사랑과 고독

사랑은 불꽃
영혼을 태우면서
빛을 남기고
고독은 잿빛 속에
슬픔을 태우다가
조용히 사라진다

긍정의 빛

긍정의 빛은
사랑으로 쌓이고
겸손으로 퍼져
내면 깊은 곳에
평화의 꽃을 피워
영혼을 밝힌다

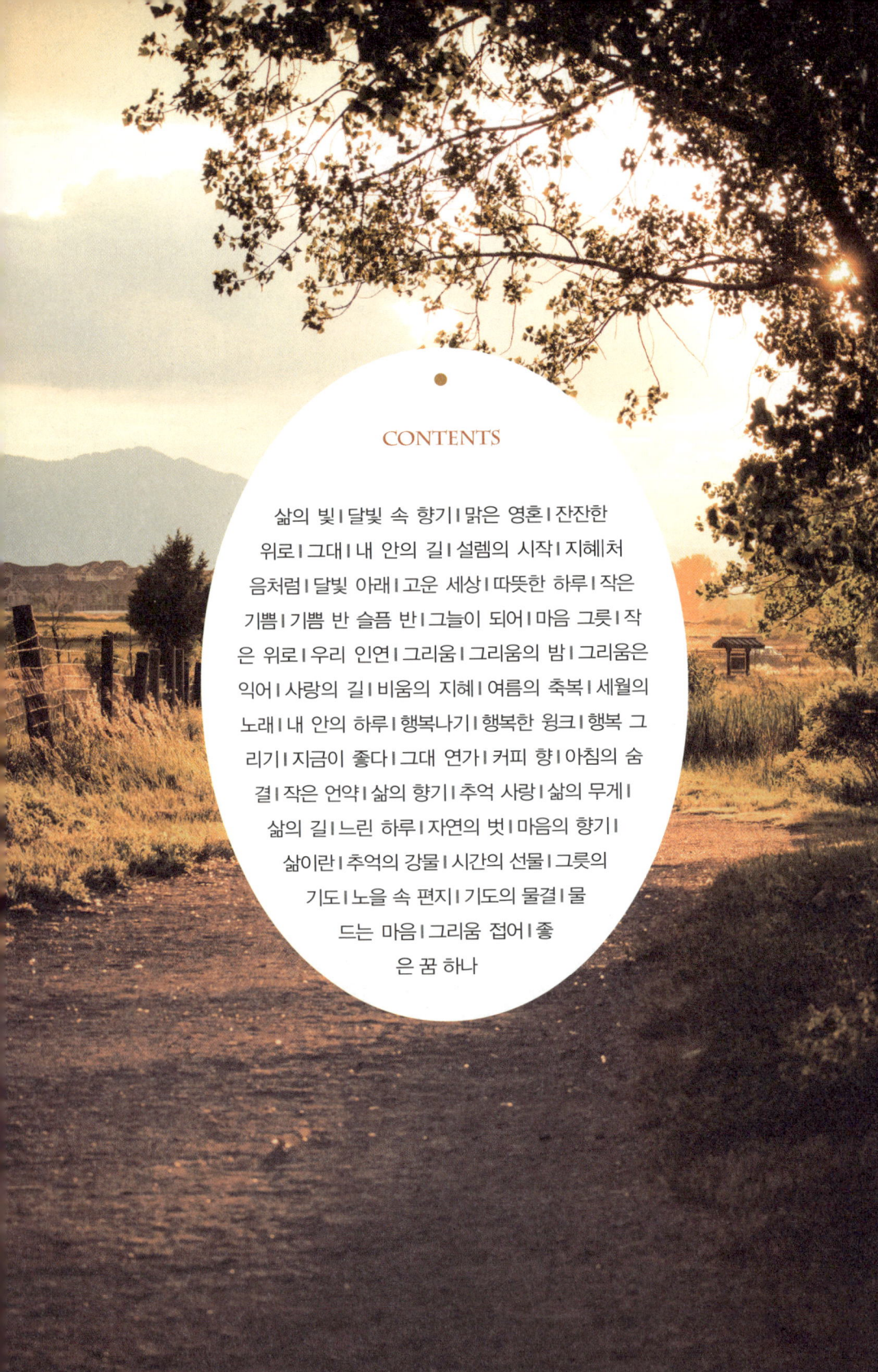

CONTENTS

삶의 빛 | 달빛 속 향기 | 맑은 영혼 | 잔잔한 위로 | 그대 | 내 안의 길 | 설렘의 시작 | 지혜처음처럼 | 달빛 아래 | 고운 세상 | 따뜻한 하루 | 작은 기쁨 | 기쁨 반 슬픔 반 | 그늘이 되어 | 마음 그릇 | 작은 위로 | 우리 인연 | 그리움 | 그리움의 밤 | 그리움은 익어 | 사랑의 길 | 비움의 지혜 | 여름의 축복 | 세월의 노래 | 내 안의 하루 | 행복나기 | 행복한 윙크 | 행복 그리기 | 지금이 좋다 | 그대 연가 | 커피 향 | 아침의 숨결 | 작은 언약 | 삶의 향기 | 추억 사랑 | 삶의 무게 | 삶의 길 | 느린 하루 | 자연의 벗 | 마음의 향기 | 삶이란 | 추억의 강물 | 시간의 선물 | 그릇의 기도 | 노을 속 편지 | 기도의 물결 | 물드는 마음 | 그리움 접어 | 좋은 꿈 하나

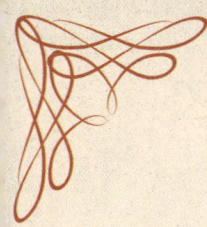
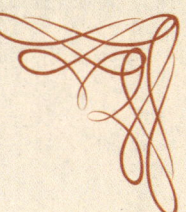

Part 2
그리움, 시간을 걷다

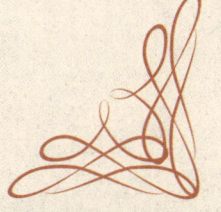

삶의 빛

삶은 밝은 빛
사랑을 차곡차곡
저축하니
겸손한 마음이
꽃처럼 피어나
세상에 머문다

달빛 속 향기

달빛이 웃네
조용한 풀잎 위로
마음이 흐른다
감사란 기도가
밤하늘 별빛 따라
숨결로 남는다

맑은 영혼

작은 기쁨이
햇살처럼 다가와
마음을 두드려
고운 말 한마디
그 속에 피어나는
사랑의 씨앗들

잔잔한 위로

작은 즐거움
슬픔 속에 피어난
하나의 꽃잎
바람에 흔들려도
지지 않는 마음이
희망이 된다

그대

그대 머무는 곳
바람은 조용히
슬픔도 감싸고
꽃잎 하나 되어
눈물로 빛나며
사랑이 피어나리

내 안의 길

배움은 지혜
스스로 묻고 깨달아
길을 찾으라
바깥에 구하지 말고
내면에 빛이 있으니
항상 성찰하라

설렘의 시작

첫 햇살처럼
매 순간 새롭게 와
가슴 설레네
낯선 길 위에도
꽃 피울 수 있으니
오늘은 처음이다

지혜

큰 돌도 쓰고
작은 돌도 아끼며
성을 쌓듯이
지혜로운 이는
사람을 차별 않고
덕으로 이끈다

처음처럼

오늘은 첫날
인생이 다시 피는
축복의 아침
작은 숨결마다
감사의 꽃 피우며
마음을 열어간다

달빛 아래

고운 달빛
속삭이는 바람결에
마음 설레고
그대와 나눈 말들
꽃잎 되어 흩날리며
밤하늘을 수놓네

고운 세상

웃음 한 줌에
길이 환히 열리고
바람도 웃네
사랑으로 다가와
작은 꽃 되어 피는
우리의 세상

따뜻한 하루

가슴으로 느끼고
눈으로 바라보며
말없이 웃는다
사는 게 힘들어도
사랑은 남아 있어서
오늘도 행복합니다

작은 기쁨

풀잎 사이로
햇살 한 줌 스며와
바람이 춤춘다
작은 꽃 한 송이가
오늘 하루 웃음 되어
내 안에 피어나네

기쁨 반 슬픔 반

슬픔이 와서
조용히 머물다 가니
기쁨이 와서
그 빈자리 채우고
따스한 햇살 되어
마음 녹여주네

그늘이 되어

큰 나무 아래
바람도 쉬어가는
평온한 자리
가슴 넓은 사람
그 옆에 서기만 해도
마음이 따뜻하다

마음 그릇

따뜻한 가슴엔
복이 가득 넘치고
넓은 마음엔
조용한 웃음 머물러
사랑이 쉬어가며
인생이 행복하다

작은 위로

바람 부는 날
눈물 감춘 웃음이
창가에 머물고
기도하듯 남긴 말
괜찮다는 그 한마디
마음을 안아준다

우리 인연

우연한 만남
한 줄기 인연 되어
가슴에 물들고
계절처럼 흘러가
그리움만 남아도
그 또한 고마움이네

그리움

밤하늘 별빛
말 한마디 그리워
눈빛 젖어가네
텅 빈 가슴속에
그리움 차오르고
꽃잎 떨어지네

그리움의 밤

달빛 아래서
바람은 스치우고
마음은 젖어
지나간 그리움에
눈물 한 방울로
밤은 깊어가네

그리움은 익어

가는 바람에
너의 이름 들려와
가슴이 젖네
외로운 꽃잎처럼
기다림은 익어가
눈물 되어 흐른다

사랑의 길

꽃은 웃음을
사랑은 관심을 먹고
조용히 자라
햇살 같은 마음이
세상 끝까지 퍼져
삶은 시가 된다

비움의 지혜

비워야 한다
욕심을 내려놓을 때
마음은 맑아지고
고요한 빈자리엔
겸손이 다가와
행복이 채워진다

여름의 축복

햇살 가득
초록 잎새 춤추고
바람 속에 웃음
맑은 물결 따라
생명이 노래하네
여름은 축복이다

세월의 노래

흐르는 세월
달빛처럼 은은히
가슴 적시고
지난 기억들은
작은 꽃으로 피어
가슴에 웃음 짓네

내 안의 하루

당신의 생각
마음에 켜두고서
하루를 지핀다
그리운 마음
바람에 실려 오며
내 안에 머문다

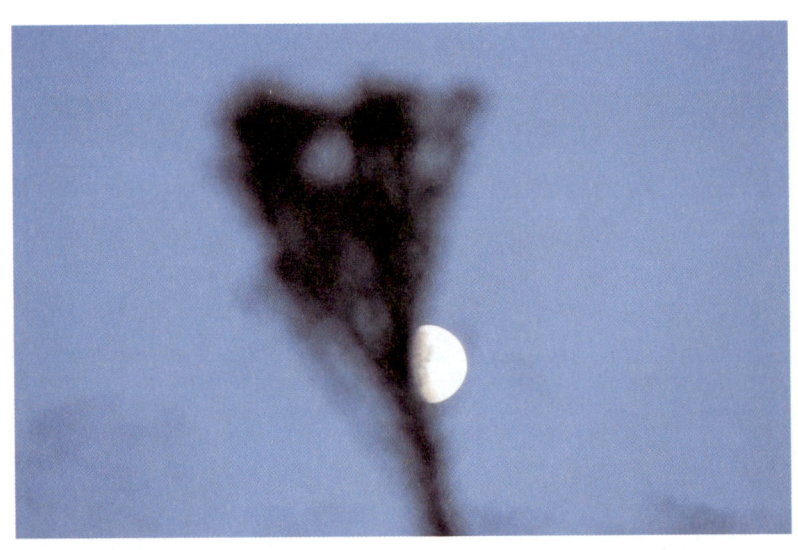

행복나기

작은 미소가
누군가의 하루에
햇살이 되고
나눈 사랑 하나가
내 마음에 피어나
세상도 웃는다

행복한 윙크

고운 햇살이
작은 꽃잎 위에
춤을 추네
바람은 속삭이며
마음은 웃음 짓고
행복이 윙크하네

행복 그리기

하얀 도화지에
웃음 붓으로 그린
따뜻한 하루
마음 창가에
살며시 희망을 걸면
토닥토닥 피는 행복

지금이 좋다

지나간 날은
고이 접은 꿈처럼
멀어져 가고
내일은 안개처럼
멀리 흐를 뿐이라
지금이 참 좋구나

그대 연가

고요한 밤에
그대 향기 머물고
내 마음 춤추네
은빛 달빛 아래
작은 기도 되어
사랑 피어나네

커피 향

커피 향기에
이른 아침 햇살도
시간이 멈춰
따뜻한 숨결 따라
추억이 피어나고
마음은 쉼을 얻네

아침의 숨결

시계는 뚝딱
사랑은 속삭이듯
가슴을 두드려
풀잎 위 이슬처럼
우리네 삶에도
행복이 내린다

작은 언약

꽃잎 하나로
봄을 다 담아내듯
미소를 건네네
짧은 순간도
영원이 되는 마음
너와의 약속

삶의 향기

살아 있음은
고요한 꽃의 숨결
그 안에 진리
고통도 사랑처럼
영혼을 일깨우고
삶을 빚어간다

추억 사랑

사랑은 진실
찾으려다 잃어버린
옛날이야기
불러도 대답 없는
그대 이름 속삭여
눈물만 흐르누나

삶의 무게

삶의 무게는
바람 이는 들녘에
지는 꽃잎이네
말없이 흩어져도
그 안에 담긴 사연
한세상을 흔드네

삶의 길

조용한 발걸음
마음에 길을 내며
꽃을 심는다
사랑의 손길이
희망으로 자라서
삶을 아름답게 하네

자연의 벗

이름을 벗고
숲길에 나를 두니
자연이 답해
풀잎 하나에
내 영혼 스며들어
하늘을 만난다

느린 하루

느린 발걸음
햇살에 마음 씻고
바람에 눕네
소소한 기쁨 하나
조용히 피어오르며
오늘이 고맙다

마음의 향기

고운 마음엔
햇살 한 줌 머물고
바람은 기도
작은 친절 속에선
꽃처럼 피어나는
향기로운 삶

삶이란

삶이란 바람
스치듯 지나가도
향기 남기고
눈물 속 웃음처럼
슬픔 안고도 피는
한 송이 꽃이다

추억의 강물

삶은 조용히
추억의 강물 따라
흘러만 가네
희미한 노을빛 속
그리움 잠기우고
가슴은 젖는다

시간의 선물

지나간 가난
비바람 속 꽃씨로
묻혀 있구나
지금은 웃음 짓고
내일은 햇살 따라
희망이 피어난다

그릇의 기도

마음의 그릇
비움으로 채워져
빛이 흐르고
작은 친절 하나
그 속에 담길 때
세상이 맑아진다

노을 속 편지

저녁 노을에
젊은 날 추억들이
살며시 젖고
차 한 잔 속 미소가
오늘을 다독이는
따뜻한 숨결

기도의 물결

삶은 노래죠
추억이 부른 노래
조용히 흐르네
햇살 한 줌 속에서
내 마음도 물들어
감사로 피어요

물드는 마음

사랑도 저축해
마음 조용한 곳에
살며시 쌓고
따뜻한 말 한마디
이자처럼 번져서
내일을 물들인다

그리움 접어

그리움 접어
하늘에 띄우니
무지개가 피어나고
바람 따라 가며
마음에 꽃 되어
조용히 머물다 가네

좋은 꿈 하나

좋은 꿈 하나
살 수 있다면
오늘도 웃을 텐데
작은 기쁨처럼
내 마음에 와서
조용히 빛이 나네

CONTENTS

꽃은 향기로 | 고요한 마음 | 작은 미소 | 멈추지 마라 | 바다처럼 | 너그러운 바다 | 달빛 아래 추억 | 긍정의 힘 | 꽃도 외로워 | 인생 찬개님의 향기 | 고향의 들꽃 | 꽃은 울지 않는다 | 청포도 | 행복한 오늘 | 친구야, 여행 가재 | 마음은 소풍 | 고운 눈빛 | 열정 | 그대의 미소 | 자연의 연가 | 자연은 치유한다 | 자연의 언어 | 동백꽃 | 겸손이 전하는 말 | 짧은 인생 | 희망으로 산다 | 연서 | 햇살과 비 | 詩는 꽃이네 | 하늘의 눈물 | 첫사랑 | 사랑은 근본 | 사랑의 속삭임 | 말의 꽃 | 시간여행 | 비 갠 뒤에 | 바위의 말 | 행복은 마음에 | 봉숭아 추억 | 진심 | 달빛처럼 | 자신을 찾아 | 무소의 삶 | 이정표 | 내면의 꽃 | 이슬 같은 배움 | 사람꽃 | 사랑을 색칠하다 | 안부

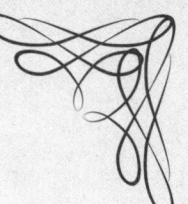

Part 3
진심의 꽃,
인생을 노래하다

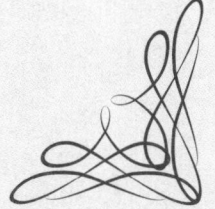

꽃은 향기로

꽃은 향기로
이야기하며
나무는 열매를
위해 꽃을 피우듯
남을 배려하면
자신이 행복해진다

고요한 마음

작은 가슴에
고래 한 마리 숨 쉬네
파도는 잔잔
상처 많은 하루도
미소로 감싸주고
꿈은 떠오른다

작은 미소

작은 미소는
하늘이 건네준
기도의 언어
아픔 속에서도
희망을 피워내는
사랑의 숨결

멈추지 마라

멈추지 마라
실패는 시작일 뿐
도전하는 마음에
세상이 열리리라
미래는 네 손안에
희망은 혁신이다

바다처럼

바다야
너를 사랑한다
나도 너처럼 살고 싶다
바다는 늘
낮은 자세로 모든
강물을 받아들인다

너그러운 바다

공짜는 없지만
바다는 마음껏 준다
바람마다 소금
물고기까지 덤으로
술 취한 파도는
춤추며 웃는다

달빛 아래 추억

술 한 잔에다
추억을 떠올리니
달이 웃는다
떠도는 발길 아래
옛사랑 그림자만
구름처럼 스치네

긍정의 힘

햇살 같은 말
마음에 꽃을 피워
미소를 짓네
작은 믿음 하나가
세상을 밝히고서
희망이 자란다

꽃도 외로워

작은 꽃잎도
외로워 우는 날엔
내 마음도 젖네
누가 곁에 있어도
가끔은 혼자 같아
그래도 웃어 본다

인생 찬가

하루는 선물
행복은 햇살처럼
기쁨이 스며들고
멈춘 걸음마다
꽃이 피어나니
삶은 아름답다

님의 향기

바람에 실려
님의 향기 오시니
가슴이 젖고
지난날 그 그리움
꽃잎 되어 흩날려
눈물 되어 흐르네

고향의 들꽃

정든 고향길
바람에 흔들리는
들꽃 한 송이
낡은 기억 속에
서서히 피어나고
마음은 그리움이네

꽃은 울지 않는다

꽃은 조용히
바람 속에 머물고
눈물 대신
햇살 가득 안고
하루를 노래하며
마음은 춤을 추네요

청포도

청포도 푸른
그 빛 속에 숨겨진
그리운 얼굴
그대 기다리는 건
기도하는 것처럼
조용한 기쁨이네

행복한 오늘

작은 꽃잎이
바람에 살짝 흔들려
미소를 짓네
감사함 가득 안고
하루를 보내며
나는 행복합니다

친구야, 여행 가자

들꽃 춤추고
자연 노래 부르는
동화세상으로 가자
산새들 멍때리는
그곳으로 가자

마음은 소풍

조용한 바람 속
세월 꽃 한 송이
살랑살랑 춤추고
하루하루 감사하며
작은 기쁨 안고
마음은 소풍 간다

고운 눈빛

물처럼 맑은
고운 눈빛 하나가
마음에 스며
말없이 전해지는
따뜻한 위로 되어
세상이 빛난다

열정

열정은 씨앗
마음 밭에 심어져
조용히 자라
햇살과 바람 만나
꽃으로 피어나니
삶에 빛을 준다

그대의 미소

그대의 미소는
꽃보다 아름답다
그대 눈빛으로
세상을 보면
내 슬픔 사라지고
행복이 더해지네

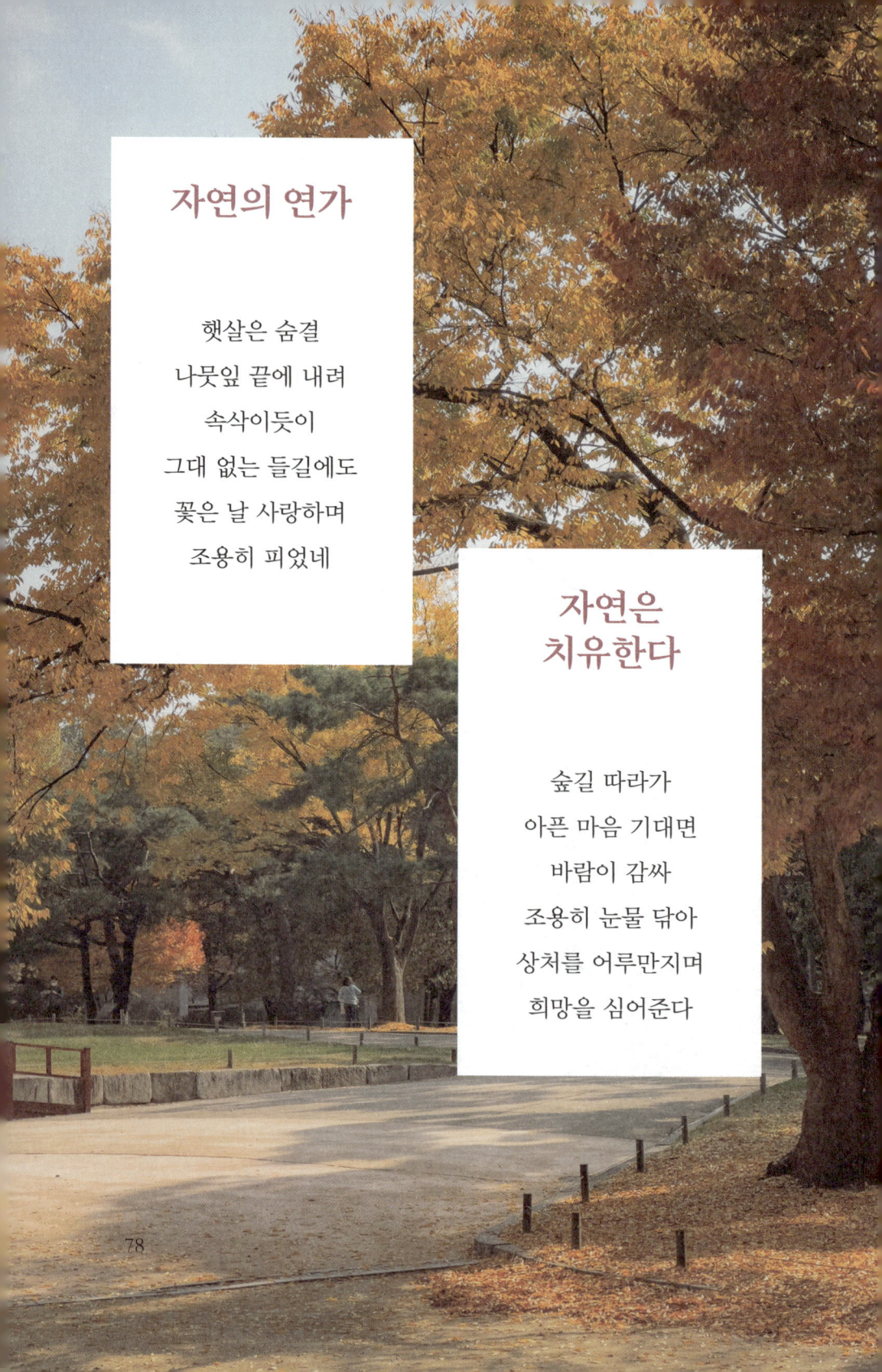

자연의 연가

햇살은 숨결
나뭇잎 끝에 내려
속삭이듯이
그대 없는 들길에도
꽃은 날 사랑하며
조용히 피었네

자연은 치유한다

숲길 따라가
아픈 마음 기대면
바람이 감싸
조용히 눈물 닦아
상처를 어루만지며
희망을 심어준다

자연의 언어

꽃은 향기로
새는 목소리로
구름은 그림으로
자연은 풍경으로
시인은 시어 하나로
영혼을 노래한다

동백꽃

동화 같은
세상에서
백 세까지
꽃처럼 웃고
살아요

겸손이 전하는 말

겸손한 말은
작은 기도처럼
가슴을 적신다
소리 없는 위로로
마음을 밝히는
사랑의 언어다

짧은 인생

추억은
추억으로 남기자
매사에 감동하고
즐기며 살자
짧은 우리 인생
신명 나게 살아도
시간이 없더라

희망으로 산다

희망은 살며시
쓰러진 마음 위에
꽃을 피우고
말 없는 침묵 속에
지지 않는 빛 되어
마음을 키운다

연서

그대 이름은
기도처럼 조용히
마음에 닿아
눈물 한 방울로
사랑을 적시고는
꽃잎 되어 핍니다

햇살과 비

한 번 웃으면
햇살이 가슴에 와
세상이 밝네.
한 번 화내면
구름이 몰려와서
비가 내리네.

詩는 꽃이네

시는 꽃이네
고운 말 속에 담긴
기도의 숨결
조용히 피어올라
가슴을 적시며
위로를 전하네요

첫사랑

첫사랑은 그
이름만 불러도
가슴이 젖어오네
눈길 한 번에 피고
말 한마디에 지던
그 시절 꽃 같았네

하늘의 눈물

하늘이 화나
소리 없이 내리는
눈물의 비여
노여움 뒤편에도
용서가 숨어 있어
세상은 맑아지네

사랑은 근본

사랑하는 이는
그 마음 곧고 맑아
늙지 않으니
진실한 정 속에서
도는 자라고
시간은 머문다네

사랑의 속삭임

사랑은 그림자
조용히 스며들어
영혼을 적시고
어둠 속에서 피어난
은은한 빛 한 줄기
마음을 감싸네

말의 꽃

말은 꽃이네
마음속 햇살 따라
살며시 피고
고운 말 한마디에
하루가 환해지고
가슴이 따뜻하네

시간여행

햇살 따라
과거도 웃으며
손 내밀고
미래는 꽃피워
마음에 길을 내니
오늘이 빛나네

비 갠 뒤에

비가 멈추면
맑은 하늘 미소 짓고
꽃들은 속삭이네
지난 아픔 뒤에
새로운 희망이
살며시 피어나리라

바위의 말

바위처럼 늘
침묵하고 있어도
마음은 뜨겁다
말 없는 기다림에
세월이 깃들고
진심은 피어난다

행복은 마음에

행복은 하늘도
땅속도 바다도 아닌
내 안 깊은 곳
조용히 피어나는
작은 꽃 한 송이
사랑으로 자라네

봉숭아 추억

고운 손 끝에
기도처럼 물들던
봉숭아 빛깔
작은 꽃잎 속에서
어린 날 웃음 피고
추억이 노래하네

진심

고운 마음은
잔잔한 바람 되어
가까이 불고
진심은 꽃잎처럼
조용히 다가와
내 안에 피어나네

달빛처럼

인생은 달빛 되어
차오르다 기우고
기쁨은 꽃이 피고
슬픔은 이슬 되어
기도처럼 스며들어
사랑으로 피어나네

무소의 삶

무소유 삶이여
욕심을 덜어내면
맑은 마음 되리
군자는 욕심 없이
자연과 하나 되어
덕을 쌓아가네

자신을 찾아

인생은 바람
자신을 깨우고 가는
긴 여행이다
낯선 풍경에
추억 심는 발자국
마음은 새로워지네

이정표

길을 묻는 자여
배움이 곧 길이니
스스로 밝혀라
군자는 덕을 따라
흔들림 없이 걸으며
복을 지어 가네

내면의 꽃

시련 속에서
나는 나를 키우며
어둠을 지나
시간의 틈에
언젠가 피어날 꽃
그것이 나였으면…

이슬 같은 배움

배움은 이슬
새벽 꽃잎에 맺혀
고요히 웃고
스며든 그 마음에
그리움 자라나며
살며시 피어나네

사람꽃

사람은 꽃잎,
세월이라는 가지에
고요히 피고
인연은 바람,
스치듯 지나가도
향기는 머문다.

사랑을 색칠하다

기도로 피운
하얀 마음 한 폭에
사랑을 그려
햇살의 물감
작은 미소로 번져
하늘빛 닮았네

안부

달빛 한 스푼
그대 창가에 닿아
조용히 안부 묻고,
기도처럼 먼
그리움이 전하는
고운 마음입니다.

CONTENTS

인연의 향기 | 그대 지나간 자리 | 풀꽃 | 인생은 바람 | 고향 뜨락 | 그대 손길 | 운명 | 고운 사람 | 속삭이는 사랑 | 맑은 마음 | 휴대폰 | 행운 | 좋은 그대 | 가슴으로 | 달팽이의 꿈 | 꽃이 사랑할 때 | 향기로운 길 | 강변에서 | 사랑비 내리면 | 흐르는 삶 | 자연인으로 | 고운 꽃 | 감사의 마음 | 꽃이 된 인연 | 눈물의 나무 | 무능은 | 인생은 꽃 | 마음에 피는 꽃 | 초여름의 기도 | 눈물의 담장 | 기도하는 마음 | 기쁨의 옷 | 지나간 시간 | 마음의 꽃 | 달빛 연가 | 시간의 숨결 | 커피 향기 | 천 개의 빗방울 | 인생은 소풍 | 연꽃 | 웃음은 | 생각이 나면 | 인생은 꽃잎 | 바람의 노래 | 사랑은 그리움 | 인연은 선물 | 빛을 심은 하루 | 청산에 살리라 | 영원의 노래 | 그리움의 강

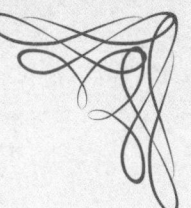

Part 4
인연의 향기, 바람에 싣고

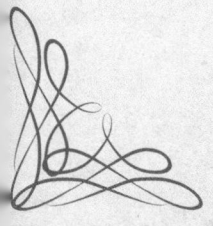

인연의 향기

사람은 행복,
내 삶의 꽃이 되어
향기로 물들고
인연은 강물
시간 위를 흐르다
가슴에 스며드네

그대 지나간 자리

내 마음은 꽃
그대 지나간 자리에
피고 지는 꽃
말없이 바라보다
저녁노을처럼
조용히 사라진다

풀꽃

풀꽃 한 송이
바람에 흔들려도
뿌리는 깊어
작은 몸짓 안에
세상의 숨결 담아
조용히 피어난다

인생은 바람

인생은 바람
자연의 숨결 따라
자유로이
마음의 깃털 되어
끝없는 하늘 위로
날아오른다

고향 뜨락

고향의 뜨락
햇살처럼 다정한
기억이 있고
마음속 빈자리에
어머니의 기도가
조용히 머문다

그대 손길

힘겨운 날엔
말없이 다가오는
기도 같은 손
조용히 눈물 닦고
마음에 머물러 준
그대는 사랑입니다

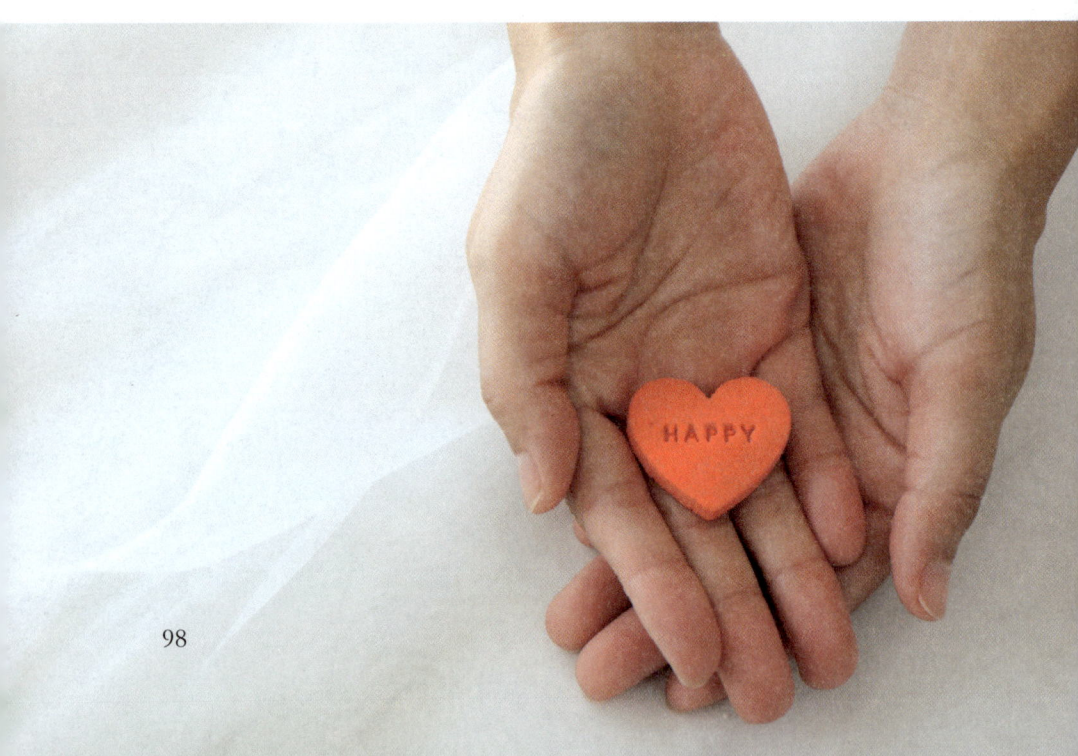

운명

운명은 강물
거슬러 오르기보다
흐름에 맡겨
마음 비운 자리엔
연꽃처럼 피어나는
신선의 하루다

고운 사람

이슬보다 맑고
꽃보다 고운 사람
내 사랑이라
그대 웃음에 취해
바람 따라 노니니
세상 근심 잊었노라

속삭이는 사랑

작은 미소는
마음속 기도처럼
빛이 되어라
긍정은 먼 지혜가
아니라 오늘 내게
속삭이는 사랑

맑은 마음

마음의 거울,
맑은 호수처럼
비추어 보면,
부끄러움 없는 물결,
자유로운 배는
바람 따라 나아간다.

휴대폰

주머니 속에
작은 연인 하나
숨 쉬고 있네
생각을 읽어주고
외로움을 달래주는
말 없는 친구

행운

햇살 한 줌 품고
고요한 달 아래
행운이 내려오네
바람결에 실려와
마음에 꽃피우니
뜻깊은 날이로다

좋은 그대

인생길 위에
같이 손잡고 걷는
그대가 있어
햇살보다 따스한
마음의 쉼표 되어
행복이 피어난다

가슴으로

가슴으로 봐
눈에 보이지 않아도
진실은 있다
마음 깊은 곳에서
사랑은 말하고 있고
희망은 자란다

달팽이의 꿈

느린 걸음도
멈추지 않으면
산을 넘는다
작은 몸짓 안에
큰 뜻을 품고
열정이 노래한다

꽃이 사랑할 때

꽃이 사랑해
햇살을 향해 웃고
바람에 속삭인다
그대 향기 닮은
한 송이 기다림은
피었다 지고 있네

향기로운 길

꽃잎이 속삭이며
마음을 적셔
걸음마다 피어나는
따뜻한 숨결 따라
인생도 향기롭다

강변에서

강변에 앉으니
구름은 길손 되어
바람에 떠돌고
갈대는 노래하고
꽃들은 속삭이네
인생도 저물어 가네

사랑비 내리면

사랑비 내리면
마음 꽃잎 젖고
은은히 피어나
바람결 따라
속삭임 머물고
가슴에 빛이 되네

흐르는 삶

삶은 노래다
햇살 따라 웃으며
꽃길을 걷고
세월은 바람
스쳐 간 그 자리에
향기만 남네

자연인으로

맑은 햇살 아래
조용히 숨 쉬며
바람과 친구 되어
꽃잎처럼 웃고
마음은 평화롭고
자연과 하나 되네

고운 꽃

당신은 햇살
내 마음에 피어난
영원의 꽃
계절이 바뀌어
향기는 사라져도
사랑은 머문다

감사의 마음

햇살 한 줌에
고운 마음 피어나
감사도 핀다
작은 손길 하나가
감동으로 전해져
세상이 따뜻하다

꽃이 된 인연

좋은 만남은
가슴에 내린 햇살,
바람이 되어 흐르고
불꽃 같은 열정은
꽃으로 피어나
우리는 언제나 봄입니다

눈물의 나무

비에 젖어도
나무는 꺾이지 않고
눈물을 삼킨다
슬픔의 끝에
새싹은 돋아나서
희망을 말한다

무능은

무능은 웃으며
자신은 죄 없다고
변명만 한다
일은 눈앞에 있어도
두 손을 모은 채로
책임을 피해 간다

인생은 꽃

삶은 한 송이 꽃
단 한 번 피어나는
시간의 선물
매일 아침은 씨앗
희망으로 자라나
새로이 빛을 연다

마음에 피는 꽃

좋은 생각은
햇살 닮은 속삭임
가슴에 내려
고요한 마음 밭에
한 송이 꽃이 피어
향기로 퍼져 간다

초여름의 기도

햇살 같은 웃음
당신 하루를 비추고
꽃처럼 스미네
이슬 머문 마음에
사랑도 조용히 젖어
커피 향기 되어라

눈물의 담장

꽃을 안고도
향기조차 못 주고
떨어지는 밤
달은 문밖에 서서
그림자만 안은 채
끝내 등을 돌리네

기도하는 마음

기도하는 손,
별을 향해 닿으면
문이 열리네.
찾는 이의 발끝에
은빛 길이 펼쳐져
하늘도 대답하네.

기쁨의 옷

물든 아침빛
기쁨의 옷 입고서
길을 나서네
바람에 묻어난 듯
좋은 사람 향기로
내 하루가 핀다

지나간 시간

과거의 일은
물결처럼 멀어져
뒤돌아보지 않네
기억은 바람 되어
조용히 스쳐 가고
지금만이 빛난다

마음의 꽃

눈에 안 보여도
가장 귀한 것들은
마음에 피네
작은 온기 속에서
사랑은 빛이 되고
기억은 꽃이 된다

달빛 연가

물결은 마음
달빛은 그대 얼굴
조용히 웃네
밤하늘은 편지지
그리움은 시가 되어
별빛으로 번진다

시간의 숨결

햇살 머무는
조용한 숲길 따라
시간 흐르고
숨결 따라
작은 꽃도 피어나
생명이 깨어난다

커피 향기

커피는 꽃
따스한 잔 속에 피는
사랑의 향기
손끝에서
마음까지 퍼지며
영혼을 적신다

천 개의 빗방울

사랑은 비다
천 개의 빗방울로
시를 쓰다가
잊혀진 이름 위에
낭만을 흩뿌리고
세상은 젖는다

인생은 소풍

인생은 소풍
잠시 머문 들길에
햇살이 웃네
바람에 남은
추억이 많아서 또
여행길 떠나네

연꽃

진흙 속에서
고요히 피어오른
연꽃 한 송이
슬픔도 씻고
빛으로 다시 핀다
마음의 강물

웃음은

웃음이 없다면
오늘은 잃어버린
바람 같은 날.
한 번 웃으면
햇살 다시 비추네
마음도 핀다

생각이 나면

생각나면 조용히
내 이름 부르소서.
달빛에도 스미어
그대 꿈에 머물리다.
그리움이 눈물로
별빛 되어 흐르리라.

인생은 꽃잎

인생은 꽃잎으로
바람 따라 흩어지네.
피고 지는 그 한순간
달빛 아래 스며드네.
흐르는 세월 속에
웃음 한 송이 남기리라.

바람의 노래

바람은 작은 기도,
꽃잎을 쓰다듬고
구름은 마음의 편지,
하늘에 띄워보네
햇살은 웃음 되어
마음을 물들인다

사랑은 그리움

사랑이 비처럼
내리면 메마른
가슴 틈새에
꽃잎 하나 머문다
스며든 너의 숨결
눈물처럼 향기롭다

인연은 선물

인연은 마음에
살며시 피는 꽃
햇살로 웃음 짓고
달빛은 꿈을 적셔
조용히 스며들어
내 삶을 밝혀 주네

빛을 심은 하루

고운 가슴에
웃음꽃 피어나니
햇살도 춤을 추네
아름다운 하루가
꿈으로 사랑으로
물들어 갑니다

청산에 살리라

내 마음 달빛 되어
푸른 산에 머물고,
근심은 바람 따라 흩어진다.
구름을 베개 삼고
새소리 자장가 되어
청산이 나를 쉬게 한다.

영원의 노래

푸른 연못에
달빛 내려앉고
꽃잎 춤을 추네.
서로를 닮은 두 그림자
바람결에 머물며
영원히 함께하리라.

그리움의 강

고향은 멀고
기도 같은 추억은
강물 되어라
무정한 세월 속에
사랑을 묻어두고
나는 또 걷네

CONTENTS

자연의 품에 | 빈손이 참 맑다 | 우리가 그렇다 | 삶의 숙제 | 인생극장 | 덧없는 삶 | 햇살 인생 | 현충일 | 모두가 천재다 | 희망비 | 삶의 선물 | 꽃 피는 이유 | 신록의 노래 | 하늘빛 마음 | 유월의 향기 | 말의 빛 | 고요한 울림 | 웃음의 샘 | 마음의 호수 | 술잔에 피는 꽃 | 노을 속 삶 | 달빛 아래 한 잔 | 마음의 정원 | 나를 깨우는 삶 | 꽃잎처럼, 너에게 | 배움의 힘 | 내 마음 풍경 | 삶의 여윤(餘潤) | 평범한 하루 | 지금 사랑하라 | 오월의 노래 | 마음 비우는 날 | 세월은 너에게로 | 인생은 미완성 | 마음 은행 | 햇살의 기도 | 사랑가 | 친구 향기 | 초록의 계절 | 나를 사랑하라 | 사랑이라 | 수채화 | 향기 | 빈손 | 사랑은 바람처럼 | 별을 헤어보며 | 수선화 | 봄밤의 눈물 | 달빛에 실린 사랑 | 그대의 눈빛은

Part 5
고요한 울림,
내 마음의 풍경

자연의 품에

산은 구름 품고
들판은 바람 노래해
한들한들 춤추네.
홀로 선 나그네도
자연 품에 안겨
마음 고요해지네.

빈손이 참 맑다

마음 비우니
달빛도 찾아오고
바람도 쉬어가네.
욕심 적을수록
하늘은 가까워라.
빈손이 참 맑도다.

우리가 그렇다

사람을 자주 보면
정이 꽃처럼 피고요,
만날수록 따스한 빛
마음에 스며드네
당신과 나의 사이,
햇살처럼 고운 인연.

삶의 숙제

날마다 풀어가도
끝은 보이지 않고,
묵묵히 걸어가는
하루가 답이 된다.
해답은 없더라도
그래도 살아볼 만해.

덧없는 삶

저문 강에 비친 삶
물결 따라 흐르고
흩어지나니
꽃 진자리 바람만
나그네 되어
슬퍼하노라

인생극장

인생은 커다란 무대,
인간은 춤추는 배우.
시간 속에 삶을 짓고,
초행길을 걸으며
소풍처럼 가벼운 맘
오늘을 노래합니다.

현충일

그대의 이름은
조국의 별이 되어
밤하늘 수놓고
깊은 숨결 따라
우리 가슴에 빛나네

햇살 인생

인생은 햇살 바구니,
웃음 담으면
웃음꽃 피어나고
사랑을 담으면
사랑 꽃 피어난다
고운 언어로 살으리다

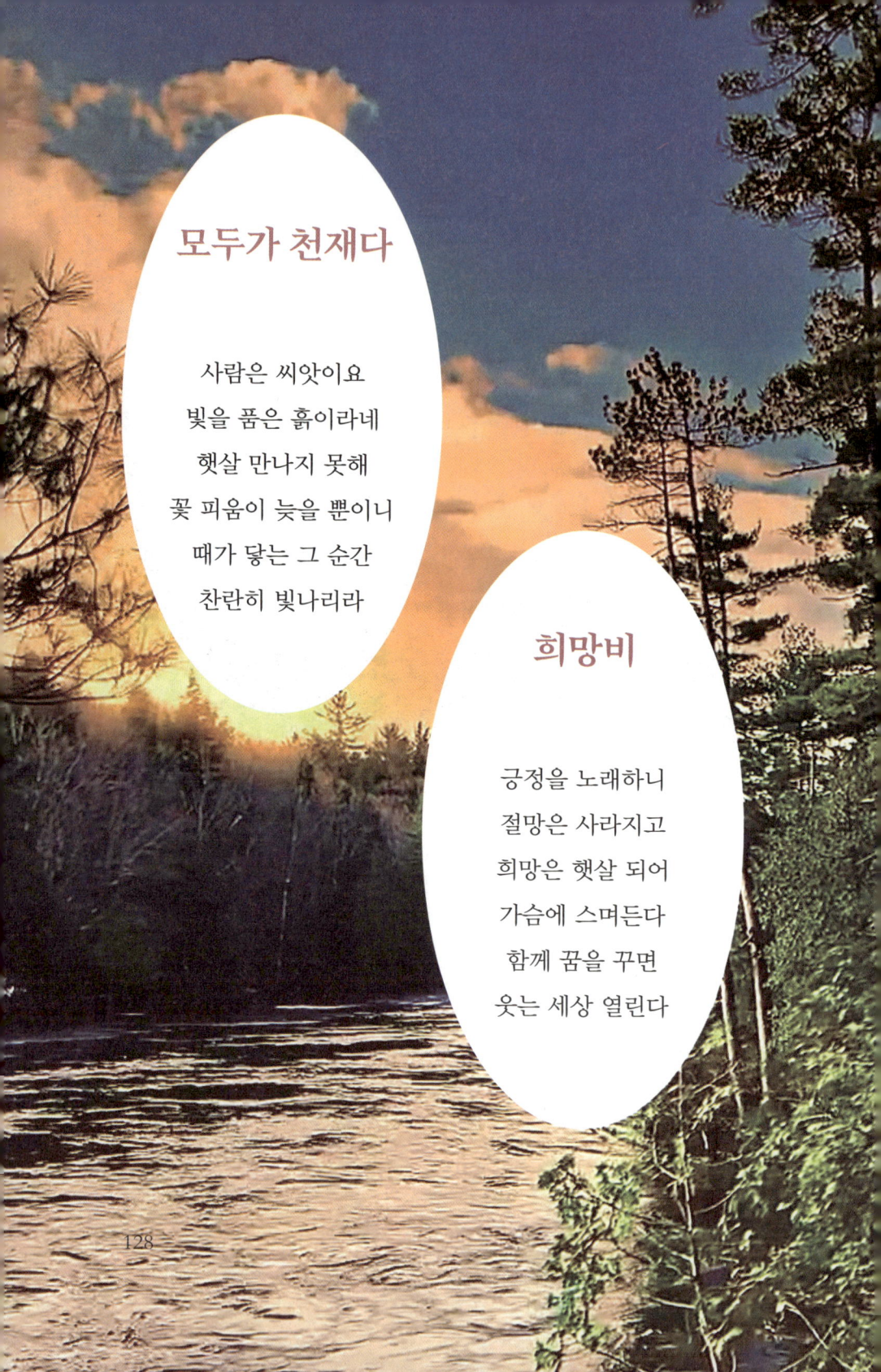

모두가 천재다

사람은 씨앗이요
빛을 품은 흙이라네
햇살 만나지 못해
꽃 피움이 늦을 뿐이니
때가 닿는 그 순간
찬란히 빛나리라

희망비

긍정을 노래하니
절망은 사라지고
희망은 햇살 되어
가슴에 스며든다
함께 꿈을 꾸면
웃는 세상 열린다

꽃 피는 이유

바람은 속삭임 되어
닫힌 맘을 두드리고
햇살은 꿈의 옷자락
조용히 감싸안는다
그대 눈동자 속에
한 송이 마음이 핀다

삶의 선물

웃음은 샘물 되어
메마른 마음 적시고,
친구는 햇살처럼
그늘진 길 밝혀 주네.
이 둘을 곁에 두면
행복이 여울지네.

신록의 노래

초록은 바람의 숨결
햇살은 사랑의 빛
청산은 부드러운 미소.
들판은 고운 빛바다
꽃은 시간을 물들이고
계절은 시처럼 흐른다.

하늘빛 마음

배려와 겸손을
가까이 하니
고운 벗이 오고
남을 먼저 칭찬해
주니 내 마음이
하늘빛 닮아 가네

유월의 향기

유월의 향기 스며
마음 끝에 햇살이
살며시 웃네
꽃바람 머문 자리
희망이 속삭이고
세상은 빛이 된다

말의 빛

말은 마음의 창문
같은 빛으로 비출 때
신뢰가 자라
흔들림 없는 마음
그 속에 머문다면
그게 참 품격이라네

고요한 울림

한 줄기 바람
누군가의 숨결 되어
가슴에 닿고
소리 없는 그 울림
삶을 꽃피우네

웃음의 샘

마음속 샘물
조용히 흘러내려
꽃잎 적시니
작은 웃음 하나가
세상에 빛 되어
어둠을 걷어내네

마음의 호수

고요한 마음
맑은 호수 같은 곳
바람도 숨죽여
그 위에 핀 작은 꽃
세상은 그 안에서
조용히 말을 하네

술잔에 피는 꽃

술잔에 달빛 따라
벗 웃음 피어나니
마음에 꽃이네
시절을 품은 노래
행복이 비처럼 와
가슴을 적시누나

노을 속 삶

산다는 것은
저무는 빛 속에서
하루를 태우는 일.
웃음은 불꽃처럼,
눈물은 꽃잎 되어
세월 따라 흐른다.

달빛 아래 한 잔

저녁이 오면
나는 술을 부르고
달은 낭만을 부른다.
이토록 좋은 밤에
그리운 사람 하나
가슴에 피지 않으랴.

나를 깨우는 삶

조용한 새벽빛
가슴에 내려와서
꿈을 부른다
바람결 따라
마음 문을 두드려
삶은 다시 깨어난다

마음의 정원

행복한 삶은
고요히 피어나는
마음의 정원이다.
작은 기쁨은
가만히 뿌리내려
하루를 물들인다.

배움의 힘

천 번을 넘어도
배우는 자만이
세상의 앞을 밝힌다.
지식은 날개가 되어
시대를 뛰어넘고
미래를 먼저 연다.

꽃잎처럼, 너에게

꽃잎처럼 살며시
바람결에 흩어지고
작은 숨결로 남아서
그리움의 끝자락에
은은한 향기 되어
너의 마음에 머문다

내 마음 풍경

그대는 언제나
내 마음의 풍경
작은 햇살로
외로운 날이면
조용히 웃어주는
따뜻한 사람

삶의 여윤(餘潤)

지나간 날들
행복이 쌓이네
정답은 없지만
그 속에 웃음 있고
눈물 있어 삶은
참 아름답구나

평범한 하루

햇살 머문 창가에
따뜻한 차 한 잔 놓고
소소한 행복이
마음속에 번지네
평범한 하루에도
기쁨은 자라나네

지금 사랑하라

인생은 짧다
오늘 웃음 심어
햇살을 담고
작은 풀꽃처럼
마음 속 기쁨 피어나
지금 사랑하라

오월의 노래

세월은 조용한 강물,
초록은 가슴에 핀 미소.
오월은 젊은 날의 숨결,
햇살에 마음을 씻고
나는 꽃처럼 피어난다.

마음 비우는 날

마음 비우고 살면
바람도 친구 되어 웃고,
그리움도 살포시
햇살 따라 길을 열어
내 마음 꽃이 된다.

세월은 너에게로

순한 꽃잎 앞에
세월도 고개 숙여
바람 되어 흐른다.
햇살처럼 고요히
시간의 강을 건너
마침내 너에게 간다.

인생은 미완성

인생은 멈추지 않는 길,
끝없이 걷는 여정이네.
오늘을 채워가며
실수도 삶의 빛 되어
미완성이기에
더욱 빛난다.

마음 은행

마음에 예금하듯
사랑과 온기를
쌓아두면, 힘든 날
꺼내어 쓰리.
따뜻한 말 한마디,
그것도 큰 이자가 되니.

햇살의 기도

햇살 한 조각
꽃잎에 머무르며
기도를 부른다
자연의 품에
순결한 마음처럼
고요가 깃든다

사랑가

그대는 내 마음
햇살, 스며들 듯
눈부시게 와서
조용히 나를 물들여
계절이 바뀌어 가도
그대 향기 머무르네.

친구 향기

그대는 마음의
꽃향기, 지치고
힘들 때 위로해 주고
말없이 곁에 있어
눈물도 웃음도 함께
나누며 내 곁에 머문다

나를 사랑하라

햇살처럼 빛나는
내 마음을 믿으며
오늘보다 더 빛나라.
작은 꿈을 키우고
희망을 채워가며
내일은 웃어라.

초록의 계절

계절은 초록으로
물들어 가네
웃음 머문 잎새들
속삭이며 춤추고
햇살 아래 고운 빛
하늘마저 물드네

사랑이라

말없이 바라보며
가슴속 불을 지피고
눈물도 꽃이 되네.
상처마저 감싸며
기쁨 되어 피어나니
그 이름, 사랑이라.

수채화

바람 한 줄기
붓이 되어 하늘빛
물들일 때,
너의 미소를 그렸지
번지듯 스며든 마음,
눈부신 햇살 아래
조용히 피어난 사랑.

향기

그대 마음은
꽃보다 향기롭다
바람에 실려 오듯
마음에 파고들어
별처럼 반짝인다
그대 미소는 천만 불.
영원히 남으리

빈손

물 흐르듯 살며
아무것도 소유하지 않고
마음의 평화를 구하네.
그저 바람처럼
자유롭게 살아가며
세상의 욕심을 놓는다.

사랑은 바람처럼

사랑은
바람결의 숨결,
별빛 되어 내 마음
적시고, 엇갈린
운명 속에서도
우리 인연은
강물처럼 흐르네.

별을 헤어보며

어둠은 내 슬픔,
별은 임의 눈동자.
밤하늘은 따스한 위로.
잠 못 드는 이 밤,
마음에 번지는 노래.

수선화

노란 수선화,
햇살 품은 얼굴,
바람은 살며시
안부를 전하고
그리움은 향기 되어
내 가슴에 피어나네.

봄밤의 눈물

달빛은 봄밤을
쓰다듬고,
꽃잎은 살며시
한숨을 쉬며 떨어진다
그리움은 창가에
앉아 내 마음을
다독이다가 잠드네

달빛에 실린 사랑

추억을 남기고
간 그대여,
세월이 흘러도
서러움은 가슴에 잠기네.
우리 사랑은 달빛
타고 흐른다

그대의 눈빛은

그대의 눈빛은
고요한 호수처럼
내 마음을 잠재우고,
별빛처럼 반짝이며
마음을 밝히는
한 줄기 희망입니다.

CONTENTS

님 오는 길｜그대 보고파｜그대 미소｜피어난 마음｜행복의 길이｜깨어 있는 눈｜그냥 좋은 사람｜약속｜바람길｜봄날의 신부｜꽃이 되는 마음｜사랑의 시작｜마음의 저울｜꽃의 꿈｜기적을 만드는 사람｜좋은 감정｜너의 미소｜우리｜마음속 꿈｜봄날의 고백｜삶은 선물｜사랑의 힘｜마음꽃｜그대에게 가는 길｜이 순간｜선물｜사랑이｜3무(無)｜눈동자｜자연처럼｜한잔｜삶의 본질｜겸손｜봄빛 한 스푼｜그대는 봄｜온도 차이｜멈추지 않는 꿈｜그대꽃｜해답｜봄의 향연｜봄의 연가｜꽃처럼｜휴식｜바람｜종소리｜하나｜작은 꿈｜마음에｜나무｜주는 마음

Part 6
사랑의 길, 다시 시작하는 마음

님 오는 길

너를 만난 날,
눈빛은 웃고,
가슴은 떨렸다.
기쁨과 설렘 사이에서
나는 알았다.
사랑이 조용히
다가오고 있다는 걸.

그대 보고파

그대가 그리워
내 마음이 달려간다.
빛보다 빠르게,
바람보다 가볍게
그대 마음에 닿아
조용히 꽃을 피운다.

그대 미소

그대 웃음은
밤하늘을 수놓은
작은 별이다.
어둠 속에서도
길을 비추는
조용한 빛이다.

피어난 마음

너는 내 작은 꿈
생각만 해도
온 세상이 반짝인다
그리움이 빗물 되어
내 마음 창가에
한 송이 꽃피우네

행복의 길이

하루살이는
하루가 전부이고,
꽃은 길어야 한 달.
우리 인생은
사랑하고 웃을 수 있으니,
얼마나 행복한 삶인가.

깨어 있는 눈

마음의 눈으로
세상을 보려 하네.
인생 해답은
어디에서 찾아야 하나.
슬픔과 기쁨도
마음이 만든 길이다

그냥 좋은 사람

가슴이 떨리면
사랑이고.
마음이 편하면
친구다. 안부를
묻는 사람은
그저 좋은 사람이다.

약속

약속은 신뢰의
다리입니다.
남과의 약속도,
나 자신과의 약속도
소중히 여겨라.
약속은 인격이다.

바람길

덧없는 인생
풍경 소리 들으며
자연의 순리대로
살아야 하는데
욕심은 바람 타고
산을 넘는다

봄날의 신부

하얀 드레스
곱게 차려입고
살포시 피어난 목련꽃,
뭐가 그리 급해서
아침 햇살 따라
서둘러 시집가는 걸까.

꽃이 되는 마음

감사와
행복은 선택이다.
감사는 마음 밭에
뿌리는 씨앗이고,
행복은 그 안에서
피어나는 따뜻한 꽃이다.

사랑의 시작

눈빛으로
꽃이 피었다.
그대 미소 하나에
내 가슴떨림이
시작되었다.
조용히, 아름답게

마음의 저울

기쁨 슬픔 무게는
생각에 따라 달라진다.
가볍게 웃으면
한 줌 바람이 되고,
무겁게 품으면
산처럼 짓누른다.

꽃의 꿈

꽃들은 무슨
꿈을 꾸길래
저렇게 웃고 필까.
눈물도 모르고
어린아이처럼
순수하게 피어날까.

기적을 만드는 사람

꿈꾸는 사람은
희망을 만들고,
긍정적인 사람은
기적을 만든다.
믿음 하나가
어둠을 밝히고,
세상을 바꾼다.

좋은 감정

그대 좋아하는
마음은, 어떤
고운 말로도
표현할 수 없다.
꽃잎으로도,
별빛으로도,
담아낼 수 없다.

너의 미소

커피가
고운 눈빛으로
나를 바라본다.
퍼지는 향기 속에
달콤한 속삭임이 흐르고,
따스한 온기가
가슴 깊이 스며든다.

우리

좋은 날,
좋은 시에
우리 꽃길을 걸어요.
내 마음에는
언제나 그대가 살아,
햇살처럼 따스하게,
바람처럼 다정하게.

마음속 꿈

우리 마음에
꿈을 키우자.
그 꿈은 자라나
세상을 웃게 할 거야.
꽃 피고 별이 빛나듯,
행복 가득한 세상을
만들어 줄 거야.

봄날의 고백

살아 있기에
바람이 웃고,
꽃잎이 속삭인다.
살아 있기에
세상은 오늘도
눈부시게 아름답다.

삶은 선물

인생은 축제이고,
삶은 우리에게
주어진 선물이다.
감사는 가슴속에
흐르고, 행복은
언제나 내 안에서
피어난다.

사랑의 힘

사랑은 세상을
바꾸는 힘이 있다
사랑하는 마음은
기적이 피어나고,
따뜻한 미소에
희망이 자란다
사랑은 삶을
빛나게 합니다

마음꽃

마음에 꽃이 피네.
웃음과 사랑의 꽃,
행복과 감사의 꽃.
오늘, 가장 아름다운
마음꽃을 그대에게
선물합니다.

그대에게 가는 길

꽃잎 한 장처럼
마음길 따라서
그대 곁에 가고 싶다
그대 만나러 가는
길은 언제나 설렘
가득한 꽃길입니다

이 순간

즐기며 살아요
청춘이 가기 전에
오늘이 순간을
사랑하고 살자
가슴 뛰는 대로.
마음이 가는 대로.

선물

삶은 하늘이
주는 선물이고
행복은 내가 만들어
가는 선물이다
오늘도 나는 마음에
희망꽃 피우렵니다

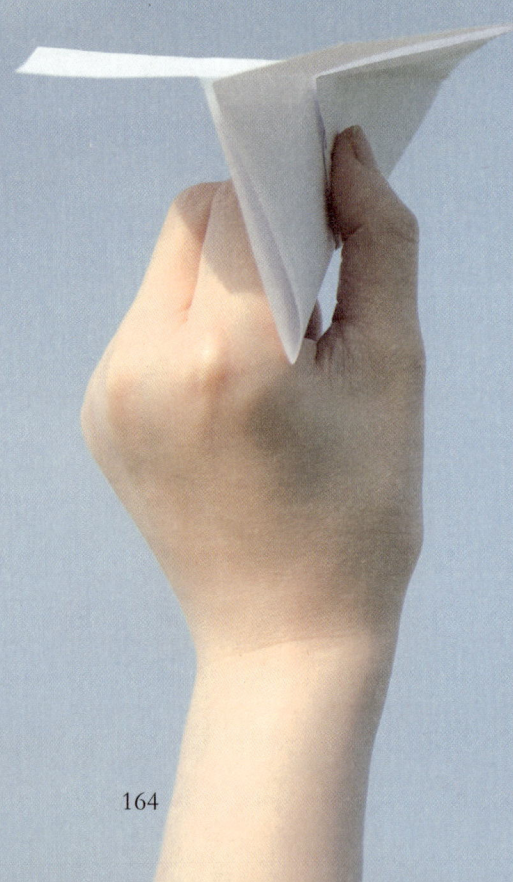

사랑이

창가에 내리는
봄 햇살처럼
사랑이 사랑을
잊지 못해 그대
얼굴 떠올리면
가슴이 시려옵니다

3무(無)

우리 인생은
정해진 해답도
없고 비밀도
없으니 진실하게
살아야 하며
공짜도 바라지 말라

눈동자

영혼이 맑은
그대 눈빛을 보면
밤하늘에 별처럼
세상이 아름다워
그대 눈빛 속에는
사랑이 살고 있네

자연처럼

봄산에 진달래
꽃처럼 순수하고,
예쁜 마음으로
자연의 순리대로
물처럼 흐르며
지혜롭게 살고 싶다.

한잔

이렇게 좋은 날
술 한잔 아니하면
어느 날에 마시랴
청춘은 바람처럼 스치고
꽃잎처럼 흩어지네
잔을 들어라

삶의 본질

시간은 삶이다
시간은 인간이
가질 수 있는 가장
소중한 것이다
시간 쓰임에 따라
인생이 달라진다

겸손

겸손은 따뜻한
언어 소리 없이
전해지는 빛이다
겸손은 가슴으로
듣고 가슴으로
느끼는 감동이다

봄빛 한 스푼

이 봄엔
기쁨 한 송이
사랑 한 스푼
그대에게 주고 싶다
고운 봄빛으로
사랑 행복 감사
가득 채우세요

그대는 봄

그대 눈빛을
보면 마음이
편해지고 세상이
온통 꽃으로 보이네
그대는 꿈을 주는
따뜻한 천사입니다

온도 차이

생각에 따라서
포근한 겨울이 있고
추운 봄날도 있더라
우리는
언제나 웃음 가득한
따뜻한 봄날입니다

멈추지 않는 꿈

위대한 사람은
꿈을 꾸고 그 꿈을
실천해 가는 사람이다
흐르는 강물처럼
끝없이 도전하는
사람이다

그대꽃

그대를 향한
그리움으로
꽃은 피어난다
숨어 우는 바람처럼
아픔을 숨긴 채
꽃은 아름답게
피어난다

해답

감사한 삶은
가치 있는 삶은
후회 없는 삶은
자신은 무한대로
사랑하고 사는 것이다

봄의 향연

봄의 향기로
그대 가슴을
깨우고 싶다
희망을 주는 봄처럼
누군가의 가슴을
흔들고 싶다

봄의 연가

은은한 봄향기로
그대 가슴을
두드리고 싶다
오지 않은 그리움
봄햇살로 녹이며
희망꽃을 피우고 싶다

꽃처럼

꽃은 향기로
사랑은 마음으로
사랑을 이야기하네
웃고 사는 꽃처럼
진심을 담아서
표현하며 살아야지

휴식

쉬어가면
어떠하리
한 번 사는 인생인데
하늘 쳐다보고
꽃향기도 맡아보고
사랑님도 부르고…

바람

바람이 마음을
위로하며 속삭인다
하늘을 넘나드는
구름처럼 자연의
숨결을 느끼며
가볍게 살다 가라 하네

종소리

종소리는
온 누리에 희망과
사랑을 전하네
시간과 마음을 흔들고
어제와 내일 사이에서
새로운 출발을
이야기합니다

하나

사랑은 두 사람
마음을 하나로
엮어가는 것이다
그대 마음을
내 가슴으로 옮겨
사랑 꽃을
피우는 것이다

작은 꿈

천 리 길도
한 걸음부터
포기하지 않으면
꿈은 현실이 된다
노력이 재능을
이길 때 가능한 일이다

마음에

우리 마음에
긍정을 담으면
삶이 빛나고
불평을 담으면
핑계만 늘어나네
선한 마음이
긍정이래요

나무

나무는 계절에
순응하며 잎을
피우고 떨어뜨리고
자연에 순응하며
겸손하게 한없이
베풀며 산다

주는 마음

주는 마음은
따뜻한 햇살 같다
품은 마음은
고요한 바다 같다
사랑은 세상을
따뜻하게 만든다

에필로그

책장을 덮으며, 저는 다시 다짐합니다.
"시는 내 삶의 기록이고, 나눔의 또 다른 이름이다."

이 시집 속 300편의 시는
저의 기쁨과 슬픔, 사랑과 그리움,
희망과 인연, 세월과 감사가 담긴 발자취입니다.

그 모든 순간마다 저를 지탱해 준 힘은
결국 재능기부의 마음이었습니다.
작은 글 한 줄, 작은 나눔 하나가
누군가의 위로가 되고,
또 다른 이의 희망이 될 수 있다는 믿음.
그 믿음이 오늘의 저를 만들었습니다.

저는 앞으로도 계속 시를 쓰고, 나누고, 걸어갈 것입니다.
삶의 길 위에서, 사랑의 길 위에서,
그리고 재능기부의 길 위에서.

부디 이 책 속 시 한 구절이라도
당신의 삶에 잔잔한 위로가 되고,
다시 일어설 용기가 되기를 소망합니다.

저의 시가 당신의 가슴에서 새로 피어나
또 다른 사랑, 또 다른 희망,
또 다른 나눔으로 이어지기를 기도합니다.

이 책을 만드는 데 함께해 주신 모든 분께 감사드립니다.
여러분의 내일에도 늘 꽃이 피고,
희망이 노래하며, 사랑이 머물기를 소망합니다.

출간후기

권선복 | 도서출판 행복에너지 회장

책은 단순한 글자의 모음이 아닙니다. 한 권의 책에는 저자의 삶과 마음, 기쁨과 슬픔, 사랑과 희망이 오롯이 스며 있습니다. 그래서 책은 한 사람의 인생이자, 세상과 나누는 가장 따뜻한 선물입니다.

이번 시집은 바로 그런 선물과 같습니다. 삶의 무게를 담담히 노래하면서도, 우리에게 다시 일어설 용기를 건네고, 사랑과 그리움 속에서도 희망을 놓지 않는 마음을 전합니다. 특히 시인이자 한국재능기부협회 회장인 최세규 님이 사랑과 나눔으로 완성한 300편의 시가 엄선되어 수록되어 있어, 그 가치는 더욱 깊고 의미 있습니다.

책장을 한 장씩 넘기다 보면, 어느 순간 눈가가 촉촉해지고, 어느 순간에는 마음속 깊이 웃음이 번지며, 마지막에는 새로운 용기와 감사로 가슴이 채워진 채 책을 덮게 될 것입니다.

무엇보다 이 시집에는 나눔과 재능기부의 정신이 흐릅니다. 시는 혼자만의 언어가 아니라, 누군가에게 건네는 고백이자 함께 나누는 기도입니다. 짧은 한 줄의 시라도 누군가에게 위로가 되고, 또 다른 누군가에게는 삶을 바꾸는 힘이 됩니다.

도서출판 행복에너지는 늘 믿습니다. 책은 마음에 행복을 심고, 에너지를 전하며, 세상을 밝힌다는 것을. 이번 시집은 그 믿음을 다시 확인하게 해주는, 소중하고도 아름다운 결실입니다.

저는 이 책이 독자 여러분의 마음에 작은 등불이 되고, 희망의 씨앗이 되기를 바랍니다. 그리고 그 씨앗이 또 다른 나눔으로 이어져, 더 많은 사람들의 삶 속에서 꽃처럼 피어나기를 진심으로 기원합니다.

출판인으로서, 이 책이 세상에 나올 수 있었던 것만으로도 무엇보다 기쁘고 감사한 일입니다. 부디 이 시집이 독자 여러분의 삶을 더욱 따뜻하게 하고, 세상을 아름답게 만드는 힘이 되기를 소망합니다.

추천사

『인연의 향기』는 고요히 피어난 꽃과 같아 사람의 마음을 맑히고, 잊은 덕을 일깨우며 감사와 사랑으로 삶의 길을 밝히는 시집이다.

정운찬 | 40대 국무총리, 동반성장연구소 이사장

늘 웃는 얼굴로 재능기부를 실천해 온 저자는 이 시대의 빛과 소금입니다. 28년간 보내준 문자를 통하여 희망을 배웁니다.

엄홍길 | 엄홍길휴먼재단 상임이사

토요일 오후에 들려오는 향기로운 소리에 마음이 바다가 됩니다. 더 밝은 대한민국을 위해 더 많은 사람에게 속삭여 주세요!

이철우 | 경북도지사

최세규 회장님의 책 출간을 진심으로 축하드립니다. 사회 여러 분야에 늘 깊은 관심을 기울이시고, 기여할 부분을 찾아 실천하시는 모습이 존경스럽습니다.

김두관 | 전 행정자치부 장관

인연을 꽃으로 피워내듯, 시마다 향기가 묻어나는 감동의 시집입니다. 인연의 향기 출간을 축하드립니다.

안용규 | 한국체육대학교 제7대 총장

바람 같은 인연이 향기가 되어 가슴속에 잔잔히 머무는 시집 출간을 축하드립니다. **류수노** | 방송통신대 제7대 총장

하루를 백 년같이, 천 년을 일 년같이 정성과 열정으로 힘들고 어려운 곳이라면 만 리라도 찾아 나서는 남을 위한 삶. 최세규 회장님, 늘 강건하시고 평안하시기를 기도드립니다.

박명래 | 전 협성대학교 총장

친구의 다섯 번째 시집 출간을 축하합니다. 『인연의 향기』는 꽃 한 송이 피우듯 삶의 기쁨과 슬픔, 사랑과 그리움을 담아낸 시집입니다. 읽는 이의 마음에 작은 등불이 되어 희망과 위로를 전해줍니다.

진성 | 가수

다양한 아픔의 시대를 살아가는 우리 모두를 따뜻하게 안아주는 선물 같은 이야기들로 꾸며진, 최세규 시인의 보석 같은 시구절들이 하나하나 머릿속에 들어와 빛나고 있습니다. 저 태진아가 늘 응원하겠습니다. **태진아** | 가수

SNS를 통해 받은 시에는 인생의 깊은 철학과 더불어, 살아갈 소중한 덕목이 담겨 있었습니다. 짧지만 마음속에 오래 머무는 멋진 시를 받을 수 있었던 귀한 인연에 진심으로 감사드립니다.

윤보영 | 커피시인

최세규 이사장님은 기업인으로서의 삶을 추구하면서도 재능나눔을 실천하는 모습이 너무 아름답습니다. 순수함이 묻어나는 시집의 출간을 진심으로 축하드립니다.

하형주 | 서울올림픽기념체육공단 이사장

최 시인의 명랑한 얼굴이, 쾌활한 이야기가, 따스한 마음이 느껴진다. 봄꽃처럼 풋풋한 향기를 담은 사랑스러운 말들이 마음속에 녹는다.

백두옥 | 전 서울중소기업청장

삶을 풍요롭게 하고 사회를 따뜻하게 하는 주말 문자를 28년간이나 보내주신 최세규 이사장님에게 감사드리며, 이를 모은 시집 『인연의 향기』 출간을 축하합니다.

박승 | 전 한국은행총재

나는 여전히 몬주익 언덕을 달린다. 인생은 자신과의 싸움이다. 28년간 매주 보내준 삶의 철학적인 글에 찬사를 보냅니다.

황영조 | 올림픽 금메달리스트

스스로 다독여주지 못하는 마음의 공허한 빈자리를 매번 행복의 글귀로 채워주시는 최세규 님께 응원과 갈채를 보냅니다.

이완국 | 샴발라CC 회장

꽃은 한 계절에 피지만 꽃 한 송이를 피우려면 사계절이 필요하다. 꽃 한 송이 피워내듯 감성의 4계(季), 희로애락(喜怒愛樂)으로 성찰의 시(詩)밭을 일구었다. 행복 전도사다.

신광철 | 작가

순간의 탄소 원자들이 세파 속에서 다져져서, 세상에서 가장 찬란한 다이아몬드를 만들어 낸 것을 이 책을 통해 실감합니다.

백남선 | 전 이화여대 여성암병원장

최세규 회장이 매주 지인들에게 희망과 용기를 주던 글이 빛이 되어 태어났다. 경전 같은 문구들이 지치고 힘든 삶에 위로가 되어 함께, 울컥할 것이다.

이서빈 | 시인

책 제목처럼, 인생을 영화처럼 만들어가는 분이다. 우리 사회의 어두운 곳을 찾아내 밝은 빛을 비추는 분이다. 이런 분들이 많을수록 세상은 밝아질 텐데….

송명의 | 세계신지식인협회 회장

회장님의 주말 문자는 새벽이슬처럼 싱그럽고 저녁노을처럼 아름답습니다. 산을 오르는 사람에겐 멈추지 않는 옹달샘입니다.

이석호 | 전 서원밸리 대표

이 시대 진정한 참 자유인, 최세규. 그대 있음에 우리 자유로운 영혼을 얻었으니, 이 또한 세상의 참 행복입니다.

박철호 | 뮤지컬배우

아름다운 인생, 생명의 소리를 시에 담은 최세규 회장. 희망을 전파하는 귀한 손길 위에, 마음 위에, 많은 분들이 힘과 용기와 사랑을 받으시는 시간들 되소서.

최병호 | WKC세계한류대회조직위원회 총재

수많은 역경 속에서도 오늘을 일궈낸 최 이사장의 멋진 경험과 경륜이 이제는 수많은 사람들의 '인생의 지표'가 되었다. 28년을 넘어 100년까지 이어지길 기대해 본다.

황용희 | 이슈데일리 대표

어르신 잘 모시고, 예의 있고, 엉뚱하면서도 철저하며, 인생을 짧은 글로 표현하는 SMART MAN! 멋진 작가! 시집 출간을 축하합니다.

진미령 | 최세규의 fan, 가수

우리의 세월 속에는 때론 한파가 몰아쳐 주저앉고 싶을 때도 있었지만, 지금은 최세규 회장과 함께한 많은 분들이 봄날임을 느낍니다.

김철빈 | 현대기계공업주식회사 회장

우리에게 늘 가슴 벅찬 감동과 하루하루 가슴 뛰는 소중한 삶의 의미를 선물해 주시는, 최세규 회장님의 시집 『인연의 향기』 출간을 진심으로 축하드립니다.

서대원 | 전 한국실업양궁연맹 회장

쉼 없이 씨를 뿌리고, 자양분을 공급하여, 큰 나무로 만들어서 모두에게 유익을 주는, '선한 결실'을 뜨겁게 축하드립니다.

이근갑 | 바른치킨 대표

최 이사장의 '주말 문자'에는 3'기'가 있다. 감성을 자극하는 향기, 가슴을 포근하게 하는 온기, 28년 한결같은 끈기. 토요일 오후가 기다려진다.

정재환 | 아주경제

토요일마다 보내주시는 메시지를 읽으며 삶의 위로를 받았고, 때로는 희망도 보았습니다. 짧지만 누군가에게 힘이 되는 글을 쓴다는 건 멋진 일이 아닐 수 없습니다.

장종회 | 매일경제비지니스 대표

인생의 전부를 신지식인들과 재능기부협회를 통해 세상을 이롭게 하기 위해 동분서주 열심히 살며, 틈틈이 인생의 희로애락이 담긴 시집을 출간하심을 축하드립니다.

조동민 | 푸디세이그룹 회장, 제5대 한국프랜차이즈산업협 회장

최세규 회장이 보내준 문자를 보면서 어떤 단어를 가장 많이 썼을까 살펴보니 '꽃'이라는 단어였지요. 꽃을 사랑하시는 회장님의 아름다운 마음을 사랑합니다.

오성환 | 목사

시는 삶의 표현이라는 말처럼 감성적인 글에 사랑을 느낍니다. 무지개 같은 고운 글은 감동 그 자체입니다.

김영철 | 한성에프아이 회장

매주 사랑과 따뜻한 마음을 담아 보내주시는 문자를 보면서 위로와 용기를 받습니다. 낱알이 밀알이 되어 한 권의 책으로 나온다니 진심으로 축하를 드립니다.

하선진 | 작사가

매주 명언 같은 좋은 글을 보내 주셔서 잘 읽고 있습니다. 회장님께서 보내주신 감동과 희망의 글은 받는 이에게는 커다란 힘이 됩니다.

김상훈 | (주)바른C&S

행복의 샘/ 샘솟듯 들어오는/ 몇몇 글귀들/ 피곤하고 바빠서/ 그냥 덮어 두려 해도/ 덮을 수 없는/ 난, 때론,/ 삶의 활기를 찾고/ 한 주 한 주가 행복하다.

이권복 | 조리기능장 교수

지덕노체(知德老體)를 겸비하신 최세규 회장님, 항상 너그러움과 베풀어 주심에 감사드리며 토요일 오후 2시가 기다려집니다.

양회철 | 유한회사 약산 회장

최세규 회장님의 첫 느낌은 팝의 영웅 프레디 머큐리를 참 많이 닮았다는 것이었다. 이번 5집에 내 사진 작품들을 함께 콜라보할 수 있어 영광이고 감사하다.

강백규 | 케니강 프랑스올리브 대표

최세규 이사장은 남을 돕는 일을 사명으로 알고 평생 실천하는 분이다. 이 책을 읽고 행복의 씨앗을 뿌리는 일에 많은 분들이 동행한다면 더 행복한 세상이 다가올 것이다.

윤은기 | 한국협업진흥협회, 전 중앙공무원교육원장

지금까지 많은 봉사를 해오셨고, 사회 각 분야 CEO들에게 리더십과 덕망, 소중함을 나누어주신 족적은 큰 거인을 보는 듯합니다. 회장님께 항상 사랑과 존경을 보냅니다.

박갑주 | 건국대학교 교수

봄이면 피어나는 한 송이 꽃처럼 2시의 메아리는 따뜻한 마음을 전해줍니다. 한결같은 마음에 찬사를 보냅니다.

김태곤 | '망부석'의 가수

매주 주말이 되면, 간결하면서도 상쾌한 최세규 회장님의 글이 가슴으로 다가옵니다. 그 꾸준함과 상쾌한 글은 어지러운 지금의 현실에 활력과 생기를 주었습니다.

이성철 | 전 부장판사

삭막한 대지 위에 흩날리는 한 줄기 단비 같은 최세규 회장님의 인생 시집 출간을 축하드리며, 내 이웃과 공유하는 삶 속에 깊이 뿌리내리기를 기원합니다.

양대영 | (주)해양기술종합서비스 대표이사

행복의 전도사 최세규 이사장이 토요일마다 보내준 문자가 삶의 위로가 되고 때론 희망이 되었습니다. 나도 누군가에게 힘이 될 수 있도록 하겠습니다.

김봉곤 | 청학동 훈장

늘 맑고 순수한 심성으로 활동하는 기업인. 이 시대에 이런 인물이 있다는 것이 한국인으로서 자랑스럽다. 매주 받아보는 글 속에는 고향에 돌아온 듯한 즐거움이 있다.

여운미 | (사)세계문화교류협회 이사장

『인연의 향기』는 햇살, 그것은 한 송이 꽃의 소리요 한 가지 꽃의 모습, 영원히 시들지 않는 생명의 기쁨이 후회 없이 우리 마음에 비추고, 영혼의 정신세계에서도 꺼지지 않고 빛나는 시집 출간을 축하드립니다.
　　　　　　　　　　　　　　　　　　　박철진 | 유성 대표/사회복지사

최세규 시인은 팍팍한 현대 사회에 매일 아침 정감 어린 편지를 전하는 행복 전도사입니다. 최세규 시인의『인연의 향기』출간을 진심으로 축하드립니다.
　　　　　　　　　　　　　　　　　　　　　　　서일호 | TV조선

대한민국 나눔 세상의 아이콘 최세규. 시인이기도 한 최세규의 글에는 순수함이 살아 있다. 더불어 사는 사회를 몸소 실천하는 그의 언어는 개인이 아닌 타인, 증오보다 사랑, 외면보다 관심, 절망 대신에 희망, 어둠보다는 햇살을 노래한다.
　　　　　　　　　　　　　　　　　　　　　정재환 | 아주경제 부국장

최세규 시집『인연의 향기』는 고요한 치유의 언어로 마음을 움직이며, 독자에게 따뜻한 햇살과 아침 같은 희망을 전합니다.
　　　　　　　　　　　　　　　　　　　　　김경은 | 동작방송 대표

축하합니다! 최세규 회장님의『인연의 향기』는 시의 선율이 되어 영혼을 노래합니다. 그 빛의 음표들이 독자들의 마음에 희망의 합창으로 번져가길 소망합니다.
　　　　　　　　　　　　　　　　　　　　　　　손인오 | 테너

자연과 삶의 지혜를 담은 최세규 시집은 마음공부 길잡이이며, 매일 아침 읽지 않으면 하루가 낯설다.
김은정 | 여주대학교

삶의 굴곡 속에서도 꺼지지 않는 희망의 빛, 이 시집은 독자에게 따뜻한 위로와 용기를 선사합니다.
최승묵 | 사)남북통일운동국민연합 광주전남 회장

최세규 시인의 언어는 희망을 햇살처럼 피워 올린다. 이 시집은 삶의 길 위에 놓인 작은 등불이다.
조영희 | 낭송가

매일의 시와 햇살 같은 따스한 마음이 담긴 시집, 맑은 시심이 독자에게 희망의 빛으로 전해지길 바랍니다.
김주연

시집 출간을 진심으로 축하합니다. 가슴속 이야기를 책으로 묶어 내느라고 수고 많으셨습니다. 『인연의 향기』를 읽는 모든 이들의 가슴마다 햇살 같은 희망이 가득하기를 소망합니다.
도경원 | 시인

따뜻한 언어로 삶의 어둠을 밝히는 시집, 『인연의 향기』 출간을 축하합니다. 혼탁한 세상에 위로와 용기를 전하는 햇살 같은 선물입니다.
한정근 | 아시아브랜드연구소 대표

평생 봉사를 몸소 실천해 세상에 행복을 전해오신 (사)한국재능기부협회 최세규 이사장님의 5번째 시집 출간을 축하드립니다. 그의 삶은 나눔과 겸손의 길이었고, 모두가 본받아야 할 참된 귀감입니다. **한동빈 |** ㈜위너테크놀로지 대표이사

『인연의 향기』는 진솔한 시어로 독자에게 용기와 위로를 전하며, 마음속 희망을 피워내는 귀한 시집입니다.

나종호 | (사)한국강소기업협회 상임부회장

햇살 같은 시어로 희망을 노래하는 시집, 나눔과 사랑의 길을 걸어온 최세규 회장님의 따뜻한 마음이 독자에게 깊은 울림을 전합니다. 축하드립니다. **김서기**

최세규 시인의 시는 자연과 추억을 일깨우며, 내일 더 나은 나를 다짐하게 하는 희망의 노래입니다.　**장종철 |** ㈜임진산업 대표

낭만 시인 최세규!! 수십 년 한결같은 소년의 마음으로, 섬섬옥수 주옥같은 사랑의 글을 담아 엮어주시는 시구에 감동과 감사로 행복한 미소 가득 채운답니다. 당신은 사랑을 뿌려주는 천사랍니다.　**김대수 |** 영원한 사랑 추종자

세상에 빛을 나누는 최세규 시인의 『인연의 향기』는 선한 마음이 꽃처럼 피어올라 우리 모두에게 따스한 희망을 전해줍니다.

서우영 | (주)필립개발 부회장

최세규 회장님의 5번째 시집 『인연의 향기』는 따뜻한 언어로 삶의 아픔을 어루만지고, 작은 빛으로 큰 희망을 건네는 귀한 시집입니다.

이재한 | 교수

매일 사랑과 희망을 노래하는 최세규 시인의 시는 짧지만 깊은 울림을 줍니다. 제5집 출간을 축하드리며, 많은 독자께 필독을 권합니다.

황대성 | 변호사

햇살 같은 희망이 어둠을 뚫고 피어나, 독자의 마음을 감싸며 기쁨과 영혼의 빛을 새긴다.

이광수 | 미켈란젤로가구 회장

안녕하세요, 가수 박일준입니다. 우리 최세규 님 제5시집 『인연의 향기』 출간 축하드립니다. 봉사하는 마음과 같은 시집입니다. 다시 한번 축하드립니다.

박일준 | 가수

최세규 시인님, 한국재능기부협회 이사장으로 매일 거친 파도를 헤치듯 시로 희망과 위로를 전하시니, 5집 출간에 뜨거운 박수를 보냅니다.

이추자 (윤심)

시집 『인연의 향기』는 마치 오랜 친구가 건네는 따뜻한 위로와 같습니다. 담담하지만 힘 있는 문장들이 깊은 공감을 불러일으키며, 잊고 지냈던 희망을 다시금 떠올리게 합니다. 이 시집이 우리 일상에 작은 기쁨과 큰 희망을 선물해 줄 것입니다.

김문석 | 현대레미콘(주) 대표

최세규 시인님의 『인연의 향기』는 섬세한 감성과 진솔한 삶의 이야기가 담긴 작품입니다. 읽는 이로 하여금 희망과 용기를 불어넣는 따뜻한 시집이기에 추천합니다.

조동운 | 전 경찰대학 경찰학과 교수

최세규 이사장님의 다섯 번째 시집 『인연의 향기』는 삶을 밝혀주는 따스한 등불이자, 우리 모두의 가슴에 깊은 울림을 전하는 귀한 선물입니다.

김창덕 | 남서울대학교 교수

매일 아침 희망의 시와 엽서로 마음을 어루만지는 회장님의 따뜻함에 감동하며, 5집 『인연의 향기』 출간을 진심으로 축하드립니다.

김혜정 | ㈜네오킴 대표

일상의 풍경을 시의 언어로 빚어낸 시집, 마음에 행복의 씨앗을 품어 삶의 풍요로움을 노래합니다.

김옥희 | 여의도떡방 대표

매일 시 한 편으로 마음의 건강을 선물해 주신 회장님께 감사드리며, 출간을 축하드립니다.　　　　　　**김정미** | 닥터프랜드 지점장

스쳐 간 발자국 속에 머문 향기, 인연의 빛을 시로 피워낸, 따뜻한 시집 출간을 축하드립니다.　　　　　　**정원 스님**

꽃잎처럼 다가온 인연의 숨결을 노래하며 마음을 적시는 서정의 언어 『인연의 향기』 출간을 축하드립니다.

나명석 | 자담치킨 회장

'인연'이라는 아련한 주제로 탄생한 『인연의 향기』 시집 출간을 축하드립니다. 시집으로 만나는 모든 인연이 꽃길만 걷고, 마음의 큰 울림으로 다가오길 바랍니다.

최대근 | 울릉경찰서장

작은 꽃잎 같은 인연의 순간들이 향기로 피어나 독자의 가슴에 머무는 아름다운 시집 출간을 축하드립니다.

안시은 | ㈜뉴에이스 대표

『인연의 향기』 출간을 축하드립니다. 최세규 시인의 따뜻한 시가 독자에게 위로와 용기, 삶의 빛을 전하길 바랍니다.

이명철 | 마니플리츠 대표

『인연의 향기』는 만남과 헤어짐을 꽃향기로 승화시킨 아름다운 시의 정원입니다. 시집 출간을 축하드립니다.

송종채 | ㈜ 에스엠 회장

『인연의 향기』 출간을 축하드리며, 사회 변화에 솔선수범하는 지도력과 나눔의 의지에 경의를 표합니다.

김종선 | MBC '칭찬합시다' 제안자

『인연의 향기』 출간을 축하드립니다. 삶을 향기로 물들이는 시인 최세규 님의 길 위에 늘 따스한 행복과 사랑이 함께하시길 바랍니다.

윤종철 | ㈜ 유트랙스 대표

시로 하루를 깨우고 봉사로 세상을 데우신 발걸음. 이 시집이 그 빛을 이어받아 더 많은 이들의 그늘을 환히 비추길 소망합니다.

함성룡 | 재)글로벌청년창업가재단 상임이사

무더위 속에도, 초고령의 세상에도, 최 회장님의 시는 마음에 평안을 주고 희망을 전하는 행복의 등불입니다.

이종현 | 뿌리요양병원

『인연의 향기』의 고운 시어들이 지친 마음에 위로와 지혜, 아름다운 영감을 전하길 기원합니다.

제니안 | 폴리티노 대표

최세규 시인은 일상의 소재를 꽃잎처럼 아름다운 언어로 피워내며, 시적 언어가 맑고 순수하여, 독자의 가슴에 햇살 같은 희망을 심어줍니다.

박병수 | 전 기업은행 강남역지점장

아침마다 보내오는 희망과 사랑의 메시지는 메마른 인생살이의 시원한 샘물 같습니다. 최세규 회장님의 멋진 시집 출간을 축하합니다.

용덕중 | 소프라노

『인연의 향기』는 최세규 시인의 섬세한 언어로 삶의 고단함을 위로하며, 독자에게 빛과 용기를 선물하는 따뜻한 등불 같은 시집입니다.

문주현 | 보리 시인

세상에 빛이 되고 소금이 되신 분이 시집을 출간하셨다니, 최세규 회장님만큼이나 멋진 알토란 같은 시집 출간을 축하드립니다.

지은숙 | 가수

『인연의 향기』 시집 출간을 축하드립니다. 인연의 길목에서 피어난 시어들이 삶을 더욱 빛내며, 사랑과 평화를 선물합니다.

정한 | 치어스 회장

최세규 이사장님의 제5집 『인연의 향기』 출간을 진심으로 축하드립니다. 기부천사의 마음처럼 탄생한 이 시집이 많은 이들의 마음속에 오래 간직되길 바랍니다.

최성환 | 전 서울육상연맹 회장

제5시집 『인연의 향기』 출간을 축하드립니다. 늘 감동과 설렘을 선물하는 따스한 시어가 널리 퍼져 많은 이들에게 위로와 축복이 되길 바랍니다.

소정 | 오두막손편지여행작가

『인연의 향기』 5집 시집 출간을 축하드립니다. 사랑과 삶, 마음과 행복을 노래한 울림이 모든 이들의 가슴에 빛으로 퍼지길 기원합니다.

전만수 | 변호사

『인연의 향기』, 이 시집은 바람처럼 스며들어 독자의 마음을 적시고, 삶을 향기로 채우는 감동의 노래입니다.

정호열 | 호명화학공업(주) 회장

『인연의 향기』 출간을 축하드립니다. 최세규 시인의 섬세한 언어가 마음을 어루만지며, 삶의 길목마다 희망을 비춰줍니다.

홍록기 | 방송인

5집 시집 출간을 축하합니다. 『인연의 향기』는 사랑과 나눔, 그리고 작은 행복의 순간들을 섬세하게 담아낸 시집입니다.

이나유

첫째도 둘째도 행복, 모두의 행복을 실천하시는 최세규 이사장님의 다섯 번째 시집 출간을 축하드립니다.   **전병태** | 건국대 명예교수

시집 『인연의 향기』는 담담하면서도 힘 있는 문장으로 깊은 공감과 따뜻한 위로를 전하며, 잊었던 희망과 기쁨을 되살려줍니다.

배정임 | 천지일보

최세규 시인은 신의와 뚝심의 사람으로, 만나는 이에게 웃음과 행복을 전합니다. 그의 시는 삶의 체온이 담긴 따뜻한 위로와 감동으로 인연을 소중히 새기게 합니다.

최광호 | 유진바베큐

최세규 이사장님의 시집 『인연의 향기』는 삶의 희로애락을 담아낸 따뜻한 기록입니다. 시인의 진솔한 마음이 독자에게 스며들어, 오래도록 공감과 여운을 남깁니다.

우연이 | 가수

시집 출간을 축하드립니다. 『인연의 향기』는 희망과 사랑이 담긴 선물 같은 책으로, 담백한 문장 속 깊은 울림과 감동을 전합니다.

김남규 | 오투리조트 대표

다섯 번째 시집 『인연의 향기』 출간을 축하드립니다. 회장님의 시는 삶의 질곡 속에서도 감사로 피어난 따뜻한 울림이며, 개인주의 시대에 희망과 내면의 길을 밝혀줍니다.

구규대 | 브이픽셀(주) 대표

참 아름다운 시인 최세규 님이 맑은 새벽이슬과 따스한 햇살을 담은 희망과 위안의 시집, 『인연의 향기』 출간을 진심으로 축하드립니다.

홍만유 | 극동방송

"삶이란 스스로 꽃을 피우는 일"이라 노래하신 시인께서, 맑은 영혼으로 날마다 꽃을 피우는 모습이 아름답습니다. 작은 빛을 따라 걷는 순례길에 초대해 주심에 감사드립니다.

새암 **이광해**

5집 시집 출간을 축하드립니다. 최세규 시인의 시는 햇살처럼 고운 위로가 되어 지친 마음을 감싸줍니다. 인연과 감사의 향기가 꽃처럼 피어나 삶의 길마다 희망을 밝혀줍니다.

김명란 | ㈜레드우드코퍼레이션 대표이사

최세규 작가의 시편들은 눈부신 봄날 향긋한 꽃내음으로 다가와 그리움, 희망, 꿈을 실어주는 글이다. 시적 화두가 쉽게 읽히고, 일상생활 속에 밀착된 시적 언어가 삶의 교훈을 준다.

정해정 | 한국문학사랑신문 이사장

시집 출간을 축하드립니다. 희망과 사랑의 향기를 담아, 우리의 지친 마음에 작은 웃음과 큰 위로를 건네는 따뜻한 선물입니다.

염인섭 | ㈜엠씨투자자문 대표

최세규 시인의 다섯 번째 시집 『인연의 향기』 출간을 축하드립니다. 자연을 노래하며 삶에 깊이를 더하는 시인의 정신은 영원히 빛날 보석입니다.
　　　　　　　　　　　　　　　　　　　　최해연 | 시인

시집 출간을 진심으로 축하드립니다. 당신의 시가 더 많은 사람들의 마음속에 깊은 울림이 되기를 바랍니다.
　　　　　　　　　　　　　　　　　　　　박소진

5집 시집 출간을 축하합니다. 『인연의 향기』는 바람결에 실려오는 들꽃 향기처럼 은은합니다. 소박한 시어 속에 삶의 기쁨과 감사가 가득 담겨 있습니다.
　　　　　　　　　　　　　　이승언 | 체육대학교 총동문회장

시인은 내면의 눈에 비친 언어로 수천 송이 꽃처럼 피어난 아름다움을 시로 표현하며, 독자에게 삶과 인간 내면을 사유하게 하는 빛나는 마법사와 같다.
　　　　　　　　　　　　　　　이시유 | 시인, 서양화가

월출산 바라보며 꿈을 키우던 성전중·고교 교정의 구호처럼, 최세규 친구가 시인으로 거듭나 세상에 감동을 주는 5집 시집 출간을 축하드립니다.
　　　　　　　　　　　　　　　　　　　이제훈 | 화가

최세규 5집 시집 『인연의 향기』는 꽃잎처럼 고운 마음을 담아낸 시집입니다. 담담한 언어 속에 스며드는 희망과 위로가 독자의 마음에 잔잔히 머뭅니다.
　　　　　　　　　　　　구자관 | 삼구아이앤씨 책임대표사원

좋은 원고나 출판 기획이 있으신 분은 언제든지 행복에너지의 문을 두드려 주시기 바랍니다.
ksbdata@hanmail.net   www.happybook.or.kr   문의 ☎ 010-3267-6277

'행복에너지'의 해피 대한민국 프로젝트!

〈모교 책 보내기 운동〉〈군부대 책 보내기 운동〉

한 권의 책은 한 사람의 인생을 바꾸는 힘을 가지고 있습니다. 한 사람의 인생이 바뀌면 한 나라의 국운이 바뀝니다. 그럼에도 불구하고 많은 학교의 도서관이 가난하며 나라를 지키는 군인들은 사회와 단절되어 자기계발을 하기 어렵습니다. 저희 행복에너지에서는 베스트셀러와 각종 기관에서 우수도서로 선정된 도서를 중심으로 〈모교 책 보내기 운동〉과 〈군부대 책 보내기 운동〉을 펼치고 있습니다. 책을 제공해 주시면 수요기관에서 감사장과 함께 기부금 영수증을 받을 수 있어 좋은 일에 따르는 적절한 세액 공제의 혜택도 뒤따르게 됩니다. 대한민국의 미래, 젊은이들에게 좋은 책을 보내주십시오. 독자 여러분의 자랑스러운 모교와 군부대에 보내진 한 권의 책은 더 크게 성장할 대한민국의 발판이 될 것입니다.

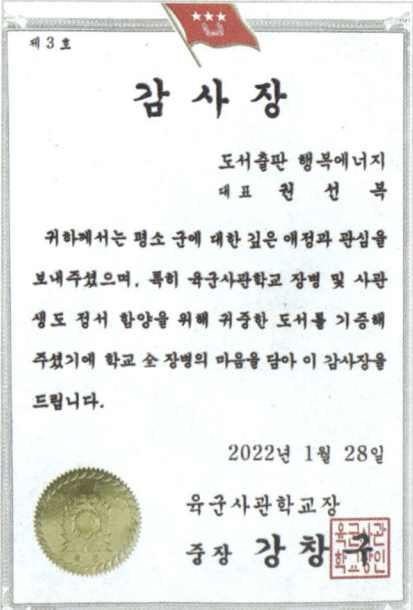